DROIT ROMAIN

DES LATINS JUNIENS

DROIT FRANÇAIS

DE LA

CONDITION JURIDIQUE

DES ÉTRANGERS EN FRANCE

ET DE LA NATURALISATION

PAR

RENÉ PORTET

Avocat,
Docteur en Droit.

ÉVREUX

IMPRIMERIE DE CHARLES HÉRISSEY

2, RUE DU MEILET, 2

1882

LES LATINS JUNIENS

DE LA
CONDITION JURIDIQUE
DES ÉTRANGERS EN FRANCE
ET DE LA NATURALISATION

DROIT ROMAIN

DES LATINS JUNIENS

DROIT FRANÇAIS

DE LA

CONDITION JURIDIQUE

DES ÉTRANGERS EN FRANCE

ET DE LA NATURALISATION

THÈSE POUR LE DOCTORAT

QUI SERA PRÉSENTÉE ET SOUTENUE PUBLIQUEMENT
DANS LA GRANDE SALLE DE LA FACULTÉ DE DROIT
LE VENDREDI 3 FÉVRIER 1882, A 3 HEURES DE L'APRÈS-MIDI

PAR

RENÉ PORTET

ÉVREUX

IMPRIMERIE DE CHARLES HÉRISSEY

2, RUE DU MEILET, 2

1882

A LA MÉMOIRE DE

Monsieur et Madame J. PORTET,
Monsieur et Madame C. LAVIGERIE.

I

ÉTUDE SUR LA CONDITION JURIDIQUE
DES LATINS JUNIENS A ROME

CHAPITRE PREMIER

CONSIDÉRATIONS GÉNÉRALES SUR L'ESCLAVAGE ET L'AFFRANCHISSEMENT

La division principale des personnes, en droit romain, est la division en hommes libres et en esclaves; et malgré les profondes modifications que le temps avait fait subir aux institutions romaines, nous retrouvons encore cette division fondamentale dans les *Institutes* de Justinien.

Les hommes libres se subdivisent eux-mêmes en *Ingénus* et *Affranchis* : les ingénus sont ceux qui sont nés libres; les affranchis sont ceux qui ont acquis le bénéfice de la liberté par un fait postérieur à leur naissance.

A une certaine époque, que nous essayerons plus loin de préciser, les affranchis étaient de deux sortes : ceux qui avaient conquis en même temps que la liberté, le privilège de la cité romaine, et ceux qui, libres de fait, n'étaient cependant pas citoyens romains; ces derniers portèrent le nom de *Latins Juniens*; ils constituent la classe la plus intéressante des affranchis, et nous nous proposons d'étudier ici quelle était leur situation juridique à Rome; pour quelles causes ils n'avaient pu parvenir à l'affranchissement complet; enfin par suite de quelles transformations, et sous quelles conditions, ils purent, pour ainsi dire, compléter leur affranchissement et devenir citoyens.

Mais, avant d'examiner ces différentes questions, il est indispensable de dire quelques mots de l'esclavage et de l'affranchissement en général. Les *Institutes* de Justinien présentent l'esclavage comme une institution du droit des gens, qui, contrairement à la nature, met un homme dans le domaine d'un autre homme : l'esclave appartient à son maître, et il ne peut exercer son activité que dans les limites exactes qui lui ont été tracées.

Cette idée d'esclavage n'est point une conception du génie romain; on la retrouve chez tous les peuples de l'antiquité, et elle a certainement pour origine la guerre et la captivité. Les peuples anciens vivaient dans un état d'hostilité à peu près permanent, et comme le sentiment de l'humanité était chez eux annihilé par l'instinct de la conservation et l'amour de la vengeance, on comprend que cette idée anti-naturelle de l'esclavage ait pu si bien entrer dans leurs mœurs qu'ils finirent par la considérer comme une vérité indiscutable et comme une nécessité sociale.

Les Romains, généralisant l'idée de l'esclavage, admirent sans peine que la perte de la liberté devait être la conséquence logique et inéluctable de certains faits criminels : on devenait donc esclave de deux manières : d'après le droit des gens, par la captivité; d'après le droit civil, en punition de certaines fautes, et dans certains cas qui ont varié dans le droit ancien et dans le droit de Justinien. Enfin, l'enfant d'une femme esclave, était esclave par le fait même de sa naissance.

Une des conséquences de cette idée d'esclavage fut la rigueur excessive, avec laquelle les anciens en général, et les Romains en particulier, traitèrent les hommes réduits en servitude; pourtant, une sorte de correctif vint apporter un tempérament à cette rigoureuse situation des esclaves, et les mêmes peuples qui élevaient l'esclavage à la hauteur d'une institution sociale, admirent toujours que la condition des esclaves n'était pas irrévocable, et qu'ils pouvaient être libérés de la servitude par un affranchissement.

Sont affranchis, nous dit Justinien, ceux qui

sont libérés par manumission d'une juste servitude : « *Libertini sunt qui ex justâ servitude manumissi sunt* » ; et même il ajoute que comme la servitude, l'affranchissement ou manumission est une institution du droit des gens.

Primitivement, et dans l'ancien droit romain, l'esclave affranchi devenait citoyen, de condition inférieure, il est vrai, ainsi que nous le dirons plus loin, mais enfin, citoyen. Il avait le droit de se dire : *Civis Romanus*. Et personne n'ignore l'influence presque magique de ces mots dans l'antiquité ! Le citoyen romain inviolable à l'étranger, était toujours assuré d'obtenir ces marques de respect et de considération qui sont dus à une famille souveraine ; en outre, le droit civil était à Rome l'apanage exclusif de ceux qui faisaient partie de la cité ; le citoyen avait dans l'ordre privé le *Connubium* et le *Commercium,* dans l'ordre politique les *Jus suffragii* et le *Jus honorum.*

Bien plus, la qualité de citoyen romain était ineffaçable, et le peuple souverain qui pouvait par sa volonté priver de la vie, était impuissant à enlever le droit de cité. Si plus tard la perte de la liberté fut la conséquence de certains crimes, ce n'est qu'indirectement qu'un jugement put prononcer une telle peine, sournoisement, pour ainsi dire, et par un de ces détours auxquels se complut de tous temps l'esprit fertile en expédients des juristes romains. L'affranchissement d'un esclave intéressait d'une façon directe le peuple tout entier, puisqu'il avait pour effet d'augmenter la grande famille romaine : aussi, pour qu'un esclave pût obtenir la liberté et par conséquent le droit de cité, le consentement et le concours de tous les citoyens étaient nécessaires. C'était là un acte plus politique que civil. Telle était la rigueur du droit, rigueur telle que ces formes solennelles d'affranchissement ont longtemps subsisté, et qu'à l'époque que nous nous proposons d'étudier, l'absence d'une des formalités requises, empêchait l'affranchi de jouir de la plénitude des droits de citoyen.

Trois modes publics et légaux d'affranchissement existèrent d'abord : *le Cens, la Vindicte,* et *le Testament,* et nous allons retrouver dans ces trois modes le concours, et sinon le consentement, du moins la représentation du peuple romain. Dans l'affranchissement par le cens, le censeur représentait la cité; dans l'affranchissement par la vindicte, un magistrat représentait le peuple, qui figurait lui-même dans l'affranchissement par testament.

L'emploi d'un des trois modes solennels d'affranchissement, nécessaire dans tous les cas, n'était cependant pas toujours suffisant; pour que l'esclave fût réellement affranchi et devînt sans conteste citoyen, il fallait de plus que le maître eût sur lui le *dominium ex jure Quiritium*, ainsi que la capacité légale d'affranchir. Ainsi donc, trois conditions étaient essentielles pour faire obtenir à un esclave la liberté et le droit de cité. Telle était la pure doctrine juridique à Rome.

Il arrivait quelquefois cependant qu'un maître affranchissait son esclave, sans avoir la capacité légale d'affranchir, ou sans employer un des modes solennels que nous venons d'énumérer; ou bien encore un maître affranchissait son esclave sans avoir sur lui le *dominium ex jure Quiritium*. Ces affranchissements, clandestins en quelque sorte, prirent le nom d'affranchissements privés; leur modalité varia souvent à Rome, et le nom qui leur est resté provient de ce qu'en général, le maître écrivait à son esclave de vivre en liberté ou de ce que le maître déclarait devant des amis rassemblés qu'il donnait la liberté à son esclave.

Ces modes non solennels d'affranchissement prirent probablement naissance à l'époque où le nombre des affranchissements s'accrut démesurément, et ils durent être d'un emploi d'autant plus fréquent qu'ils exigeaient moins de solennité, et surtout moins de formalités que les affranchissements par le cens, par la vindicte ou par le testament. On comprend aisément que ces affranchissements où la cité n'avait pas été représentée, ne pouvaient avoir pour effet de faire entrer dans son sein un citoyen nouveau; aussi les esclaves affranchis par les modes non solennels, n'acquéraient-ils qu'une liberté de fait, et non pas la liberté légale qui rendait citoyen. Pour exprimer d'un mot leur condition juridique, on peut dire qu'ils avaient seulement l'*exercice de la liberté*. Plus tard, l'influence du droit prétorien vint corriger la précarité de leur situation, et leur garantir la liberté que la volonté du maître leur avait concédée. Car il paraît certain qu'autrefois, cette liberté dont jouissait l'esclave affranchi *per epistolam* ou *inter amicos*, n'était qu'une pure tolérance, et qu'il était loisible au maître de maintenir ou de révoquer l'exercice de la liberté accordée à un esclave. Un passage de Dosithée *(disputatio forensis de manumissionibus*, § 5) nous apprend en effet que l'affranchi dont nous parlons ne pouvait rien acquérir, ni par mancipation, ni par stipulation, et que même le maître acquérait, dans ces différents cas, du chef de son esclave : « *Omnia tamen tanquam servus adquirebat manumissori, vel si quid stipulabatur, vel mancipatione accipiebat, vel ex quacumque causâ aliâ adquisierat, domini hoc faciebat, id est manumissi omnia bona ad patronum pertinebant* ». Ainsi donc, l'esclave affranchi par un mode non solennel jouissait d'une liberté de tolérance, et n'avait en outre que l'avantage d'être libéré des services dus par un esclave à son maître.

Une question se présente ici que nous devons au moins signaler : celle de savoir quelle était la situation légale des enfants d'un pareil affranchi? Étaient-ils affranchis comme leur père, ou demeuraient-ils esclaves? Il ne saurait y avoir de difficulté en ce qui concerne les enfants nés avant l'affranchissement; ils étaient nés esclaves, et bien évidemment la liberté accordée à leur père ne les concernait en rien, et n'avait pas pour effet de la leur concéder en même temps. Mais que faut-il décider relativement aux enfants nés depuis l'affranchissement? Un grand nombre de commentateurs éminents enseignent que ces enfants étaient esclaves; cette opinion nous paraît devoir être écartée, car elle ne s'appuie sur aucun texte, et aucune considération ne la justifie; nous essayerons de faire la critique de cette théorie et d'en démontrer l'erreur en parlant plus loin de la *Loi Junia* et en recherchant dans quel esprit cette loi a été conçue.

On voit, par ce qui précède, combien était précaire et illusoire la liberté accordée aux affranchis par un mode non solennel; nous avons déjà dit que l'influence du droit prétorien était venue tempérer l'excessive sévérité du droit civil :

le préteur considéra en effet que le maître était lié envers son esclave, et au moyen d'une exception insérée dans la formule de l'action en revendication, il obtint ce résultat que l'esclave demeurait en liberté. Dosithée nous apprend *(disputatio forensis de manumissionibus*, § 5) que c'est après avoir vu plusieurs maîtres de mauvaise foi manquer à leurs engagements, que le préteur prit l'habitude d'intervenir pour maintenir l'esclave en liberté : « *Hi qui domini voluntate in libertate erant, manebant servi, et manumissores audebant eos iterùm in servitutem per vim ducere, sed interveniebat prætor et non patiebatur manumissum servire* ». Cette intervention du préteur ne changeait d'ailleurs en rien la condition juridique de l'affranchi; à son égard, tous les autres effets de la servitude subsistaient, et à sa mort le maître devenait propriétaire *jure peculii* de tout ce que l'affranchi possédait. Le passage suivant de Gaius (III, § 56) est formel à ce sujet : « *Admonendi sumus eos qui nunc Latini Juniani dicuntur, olim ex jure quiritium servos fuisse, sed auxilio prætoris, in libertatis formâ servari solitos : unde etiam res eorum peculii jure ad patronos pertinere solita est* ».

Cet état de choses réalisait déjà un progrès considérable, mais le doute sur la situation des affranchis par un mode non solennel n'en subsistait pas moins, et il est probable que de graves inconvénients se produisirent. Car un passage de Cicéron dans l'*Oratio pro Milone* nous apprend que le célèbre tribun Clodius proposa d'accorder à ces affranchis le droit de cité à la condition qu'ils figureraient dans les tribus rustiques : « *Clodius constituerat ut servi qui privatâ dominorum voluntate manumissi in libertate morabantur, justa libertas ac civitas Romana cum suffagio in rusticis tribubus ipso jure daretur* ». Il faut rechercher le motif de cette proposition dans le nombre considérable d'affranchis qui pullulaient à Rome à cette époque; peut-être aussi le tribun Clodius avait-il pour but de se créer de nombreux partisans. Quoi qu'il en soit, la proposition fut rejetée; d'abord parce qu'elle était trop radicale et trop absolue, et ensuite parce que déjà on sentait impérieusement la nécessité de mettre une entrave aux affranchissements qui s'étaient multipliés outre mesure pendant les guerres civiles, et qui eurent pour effet de jeter sur le pavé de Rome une population déréglée, peu intéressée à la grandeur et à la prospérité de la République.

CHAPITRE II

Nous avons essayé de donner, dans le chapitre
précédent, une idée générale de l'esclavage et de
l'affranchissement à Rome ; nous allons maintenant exposer brièvement les dispositions de la loi
Junia Norbana qui vint régulariser la situation
des esclaves affranchis par un mode non solennel.

En premier lieu, notre loi transforme en liberté
légale la liberté de tolérance dont jouissaient les
affranchis *privatâ voluntate*. Cette liberté légale,
ne leur conférait pas cependant le droit de cité ;
c'était une liberté *sui generis*, une liberté qui était
propre à cette seule classe d'affranchis qui prirent
le nom de *Latins Juniens*. Dosithée dit en effet :
« *Nunc habent propriam libertatem inter amicos
manumissi, et fiunt latini Juniani* ».

En second lieu, la volonté du maître doit avoir
été libre, et s'il a agi sous l'empire de la violence,
la liberté n'est point accordée à l'esclave.

Quant au nom de Latins Juniens qui sert à désigner les affranchis dont nous parlons, Gaius nous en donne l'explication dans le passage suivant : « *Latinos ideo, quia lex eos liberos perinde esse voluit, atque si essent cives Romani ingenui, qui ex urbe Româ in latinas colonias deducti latini colonarii esse cœperunt; Junianos ideo, quia per Legem Juniam liberi facti sunt, etiamsi non cives romani* ».

La date précise de la loi Junia Norbana nous est inconnue ; et cette question a donné lieu à de vives controverses.

La loi *Junia Norbana* est-elle antérieure ou postérieure à la loi *Ælia Sentia*, qui a été rendue sous le règne d'Auguste en l'an 757 de la fondation de Rome ? Trois opinions ont été émises, que nous allons exposer.

Première opinion. — La loi Junia Norbana est contemporaine de la loi Ælia Sentia et a été rendue sous le règne d'Auguste. Cette opinion, qui ne se fonde d'ailleurs sur aucun texte, est généralement rejetée. Notons cependant qu'elle était celle de Cujas.

Deuxième opinion. — La loi Junia Norbana a été rendue sous le consulat de Junius Norbanus et Lucius Cornélius en l'an de Rome 671.

Pour soutenir cette opinion, on se fonde sur un fragment d'Ulpien ainsi conçu : « *Eadem lege, (Ælia Sentia) cautum est ut minor trignita annorum servus vindictâ manumissus civis romanus non fiat, nisi apud consilium causâ probatâ fuerit. Testamento verò manumissum perindè haberi jubet atque si domini voluntate in libertate esset, ideoque Latinus fit* ». (Ulpien, fragment 1, § 12.) Il résulte clairement de ce texte que, dans certains cas, la loi Ælia Sentia a voulu que l'affranchi devienne latin ; or, un passage tout aussi formel de Dosithée dit que « *Lex Junia latinorum genus introduxit* ». Il ressort donc avec une évidente clarté du rapprochement de ces deux textes que la loi Junia Norbana a précédé la loi Ælia Sentia ; par conséquent, on doit décider que notre loi a été rendue en 671, seule année dans laquelle nous trouvons, antérieurement à la loi Ælia Sentia, un consul du nom de Junius Norbanus.

On invoque encore en faveur de cette opinion deux textes de Gaïus (Comm. I, § 29 et 31) desquels il résulte que c'est la loi Ælia Sentia qui a introduit la *causæ probatio* en faveur des mineurs de trente ans. Or, comme le sénatus-consulte Pégasien a étendu plus tard ce bénéfice de la loi Ælia Sentia à tous les affranchis latins, on en conclut que la loi Junia est antérieure à la loi Ælia Sentia ; car, en supposant qu'elle lui fût postérieure, c'est par une de ses dispositions et non par le sénatus-consulte Pégasien qu'eût été édictée l'extension dont nous parlons. — Cette date de 671 a été adoptée par M. Demangeat (t. I, p. 188), et par M. Accarias dans son remarquable *Précis de droit romain* (t. I, p. 110.)

Troisième opinion. — La loi Junia Norbana a été rendue en l'an de Rome 772, sous le règne de Tibère, Junius Silanus et Norbanus Flacus étant consuls.

Les commentateurs qui soutiennent cette opinion font remarquer que le texte d'Ulpien, sur lequel se fondent les partisans de la date de 671, doit être expliqué de la façon suivante :

La loi Ælia Sentia apporte des restrictions aux affranchissements, et empêche dans certains cas l'affranchi de devenir citoyen ; Gaius le dit même formellement : « *non voluit manumissos cives fieri* » (Gaius, Comm. I, § 18) ; elle l'assimile à celui qui vit en liberté avec le consentement de son maître (*perinde haberi jubet atque si domini voluntate in libertate esset*); enfin, après la loi Junia, cet affranchi devient Latin Junien (*ideoque fit Latinus*).

Bien loin donc de prouver que la loi Junia Norbana est antérieure à la loi Ælia Sentia, notre texte d'Ulpien prouve au contraire qu'elle lui est postérieure, et comme on trouve en l'an 772 un consul du nom de Junius et un autre du nom de Norbanus, on est fondé à dire que c'est bien de cette époque que date la loi Junia. — Enfin les partisans de cette troisième opinion font encore remarquer que c'est la loi Junia Norbana elle-même, et non pas un sénatus-consulte, qui a étendu à tous les Latins le bénéfice que la loi Ælia Sentia avait introduit en faveur des affranchis mineurs de trente ans, et qu'en conséquence, notre loi Junia est évidemment postérieure à la loi Ælia Sentia. Cette opinion a été soutenue par MM. Machelard et Ortolan, t. II, p. 55. — Elle est généralement accréditée parmi les commentateurs allemands les plus autorisés. — Sans méconnaître la force des arguments sur lesquels s'appuie la troisième opinion, nous croyons cependant devoir adopter la date de 671. Nous observons en effet que si MM. Ortolan et Machelard ont expliqué le fragment d'Ulpien que nous avons cité, d'une façon assurément plausible, ils ont par contre passé sous silence et le texte de Dosithée qui affirme que la classe des Latins Juniens a été créée par la loi Junia, et le texte de Gaius qui nous apprend que la loi Ælia Sentia assimile aux Latins les affranchis mineurs de trente ans. — Enfin, nous ferons remarquer qu'à Rome une loi quelconque prenait presque toujours le nom d'un seul personnage, et qu'il

n'était guère d'usage qu'elle prit le nom de deux
consuls; c'est ce qui serait arrivé si la loi Junia
Norbana avait été rendue en 772; tandis que si
nous la supposons rendue en 671, elle a purement
et simplement pris le nom du consul qui la proposa et qui se nommait Junius Norbanus.

CHAPITRE III

DES CONDITIONS EXIGÉES POUR QUE L'AFFRANCHI DEVIENNE CITOYEN ROMAIN.

Dans l'ancien droit romain, la liberté était une et indivisible; et la seule différence qui existait entre l'ingénu et l'affranchi, c'est que l'ingénu était né libre, tandis que l'affranchi avait acquis la liberté par un fait postérieur à sa naissance. Nous avons exposé dans les chapitres précédents qu'une des conséquences de cette indivisibilité de la liberté était de conférer à celui qui en avait l'exercice, le droit de cité et tous les avantages attachés au titre de citoyen. Toutefois deux conditions étaient indispensables, avons-nous dit encore, pour que l'affranchissement fût parfait et produisît tous ses effets : il fallait que le maître eût sur son esclave le *dominium ex jure Quiritium*, d'une part, et que, d'autre part, la cité romaine fût représentée dans l'affranchissement. A côté de cet affranchissement régulier qui entraînait une foule de lenteurs et de formalités, il y avait place pour un affranchissement familier, si l'on peut s'exprimer ainsi. L'esclave affranchi par un mode non solennel, ainsi que l'esclave affranchi par un maître qui n'en était pas propriétaire d'après le droit civil, demeuraient esclaves, et ne jouissaient que d'une liberté de tolérance, que le préteur vint plus tard garantir et protéger.

La loi Junia Norbana régularisa la situation de ces affranchis : elle leur donna d'abord une liberté *sui generis,* mais légale ; elle exigea ensuite deux conditions pour qu'un affranchi pût acquérir en même temps que la liberté, le droit de cité : que le maître eût sur l'esclave le *dominium ex jure Quiritium* et que l'affranchissement fut fait par un mode solennel : cens, vindicte ou testament. D'autre part, la loi Ælia Sentia, rendue en l'an de Rome 757 sous le règne d'Auguste, Ælius Catus et Sentius Saturninus étant consuls, vint ajouter une troisième condition aux deux autres exigées par la loi Junia ; pour qu'un affranchi devînt citoyen, il fallait qu'il fût âgé de plus de trente ans, ou qu'un conseil spécial dont nous essayerons de déterminer plus loin la composition et le mode de nomination, donnât son autorisation si l'affranchi était âgé de moins de trente ans révolus. — Ainsi donc, trois conditions étaient nécessaires et suffisantes pour qu'un esclave devînt citoyen romain : une des conditions venait-elle à manquer, l'esclave acquérait bien la liberté quand même, mais il devenait Latin Junien. Le texte suivant de Gaius résume toute cette doctrine : « *In cujus personâ tria hæc concurrunt, et major sit annorum trigenta, et ex jure Quiritium dominus, et justâ ac legitimâ manumissione liberetur (idest vindictâ, censu aut testamento) is civis romanus fit : sin verò aliquid eorum deerit, latinus erit.* » (Comm. I, § 17 et 18.)

Nous allons donc étudier ces trois conditions dont parle Gaius, non point dans l'ordre où il les énumère, mais en suivant l'ordre plus logique dans lequel elles ont été successivement exigées.

CHAPITRE IV

L'ESCLAVE AFFRANCHI PAR UN MODE NON SOLENNEL DEVIENT LATIN JUNIEN.

Nous avons expliqué plus haut pour quelles raisons l'esclave affranchi par un mode non solennel ne devenait pas citoyen ; nous devons examiner maintenant quels étaient les modes non solennels d'affranchissement les plus usités et de quelle manière ces modes étaient appliqués.

Les deux modes les plus importants et dont les textes nous parlent le plus, sont : l'affranchissement *per epistolam* et l'affranchissement *inter amicos*.

Per epistolam. — Souvent, dit Théophile, il arrivait qu'un maître écrivait à son esclave de vivre en liberté, et cette coutume donna naissance à l'affranchissement *per epistolam*. Justinien régularisa ce mode d'affranchissement et le réglementa : Les *Institutes* exigent en effet, à peine de nullité, la signature de cinq témoins, et Théophile dit dans sa paraphrase des *Institutes* (l. I, tit. V, p. 4) :

« *Quasi ex imitatione codicilli*. » Il est permis de conjecturer qu'à l'époque de Justinien, ce mode d'affranchissement était assez usité.

Inter amicos. — Un maître promettait quelquefois à un esclave de lui donner la liberté, et une telle promesse faite *inter amicos*, libérait l'esclave de la servitude. De même que l'affranchissement *per epistolam*, l'affranchissement *inter amicos* fut régularisé et réglementé par Justinien. Les *Institutes* exigent pour la validité d'un tel affranchissement la rédaction d'un acte signé de cinq témoins. L'analogie entre ces deux modes d'affranchissement est parfaite, et tous deux s'appliquent utilement dans des cas différents. L'affranchissement *per epistolam* fait nécessairement supposer que l'esclave est absent, tandis que l'affranchissement *inter amicos* fut évidemment usité pour donner la liberté à un esclave présent.

Mais, dans quel sens doit-on entendre le mot *amicos*? Il nous paraît bien probable que ce mot ne saurait avoir ici le sens du mot français ami, qui en est pourtant la traduction littérale. Les mots *inter amicos*, sont dans cette matière synonymes de *testes* : cette interprétation résulte très clairement du texte même de Justinien, fixant à cinq le nombre des témoins ou amis qui doivent signer l'acte constatant l'affranchissement.

Ces deux modes d'affranchissement, que nous venons d'exposer, n'étaient pas les seuls usités à Rome : il y en avait un nombre relativement considérable, que Justinien énumère dans une constitution (Cod. 7, 6, 1, § 1 et 2). Nous allons passer en revue les plus généralement connus.

Lorsqu'un maître a chassé de sa maison ou abandonné un de ses esclaves dangereusement malade, ce dernier devient libre. Lorsqu'une femme esclave a été vendue à un maître, sous la condition qu'elle ne serait pas prostituée par ce maître, elle devient libre sans patron, si le maître manque à son engagement.

La liberté est encore accordée à une femme esclave que son maître a mariée à un homme libre, en lui constituant une dot.

Quand un maître a fait asseoir son esclave à sa table *(per convivium, per mensam, inter epulas)* en signe de liberté, l'esclave devient libre.

Nous trouvons ici une question controversée. Si un maître donne à son esclave le nom de *fils* dans un acte public, cette appellation entraîne-t-elle l'adoption de l'esclave, et par conséquent son affranchissement ? L'affirmative, généralement admise, se fonde sur le passage suivant des *Institutes* de Justinien : « *Apud Catonem benè scrpitum refert antiquitas servos, si a domino adoptati sint, ex hoc ipso posse liberari.* » (*Inst.*, l. I, tit. II, § 12.)

Mais cet esclave est-il Latin Junien? Ne deviént-il pas citoyen romain? M. Demangeat (*Explicat. des Inst.*, p. 296) croit que l'adoption faite dans de telles conditions nécessitait l'intervention du peuple romain, et son autorisation ; en conséquence, l'esclave affranchi par l'adoption de son maître devenait citoyen, parce que le peuple avait participé d'une manière indirecte, sans doute, mais néanmoins réelle, à l'affranchissement. Hormis ce cas, qui encore une fois, est controversé, et que nous n'avons pas la prétention de résoudre, l'esclave affranchi par un des modes non solennels dont nous venons de faire l'énumération, était Latin Junien.

Une dernière question nous reste à étudier : que devient, au point de vue juridique, l'esclave affranchi par un Pérégrin? Il est d'abord évident qu'un tel affranchi ne devient pas citoyen, par la raison très simple que l'affranchissant ne peut donner à son affranchi une qualité qu'il n'a pas lui-même.

Cet affranchi devient-il alors Latin Junien? Nous répondrons hardiment : non. Quelle raison en effet, pourrait-on invoquer, pour prétendre que la loi Junia est applicable dans ce cas? Il faut décider, à notre avis, que l'esclave affranchi suit la condition de son maître et devient Pérégrin. Cette solution est d'autant plus logique que le préteur avait dans ses attributions la connaissance des difficultés pouvant survenir entre Pérégrins, et qu'il pouvait ainsi protéger efficacement la liberté de l'esclave affranchi par un étranger.

Si nous généralisons ce principe que l'affranchi suit la condition de l'affranchissant, il faut décider que l'esclave affranchi par un Latin devient Latin, de même que l'esclave affranchi par un Latin Junien devient Latin Junien.

Enfin, nous trouvons encore un cas où l'affranchi devient Latin Junien, et voici dans quelle hypothèse : c'est quand un maître, mineur de vingt ans, affranchit son esclave par un mode non solennel, mais après avoir obtenu l'approbation spéciale du conseil *(causà apud consilium approbatâ)*. Sans doute, les *Institutes* de Justinien et les *Commentaires* de Gaius nous disent que l'affranchissement approuvé par le conseil s'effectue toujours *vindictâ ;* mais nous ferons remarquer qu'il ne faut pas prendre ce texte à la lettre, et qu'en cette matière, il faut rechercher quel a été l'esprit de la loi romaine. Or, ce que la loi a voulu, c'est prémunir le mineur de vingt ans contre un entraînement irréfléchi ; c'est ensuite sauvegarder la société en rendant plus difficile la faculté d'affranchir. Lors donc que le conseil a approuvé l'affranchissement, le but de la loi est rempli, et le mode qui a servi à donner la liberté à l'esclave importe peu. Au reste, si nous nous basons ici sur l'esprit de la loi, nous reconnaissons en même temps qu'un esclave affranchi par un mode non solennel, et après l'approbation du conseil, quand le maître est mineur de vingt ans, ne devient pas citoyen : or, comme il est certain qu'il devient néanmoins libre, nous sommes conduits à le ranger parmi les Latins Juniens. Nous trouvons à cet égard un texte formel de Gaius : « *Quamvis latinum facere velit minor XX annorum dominus, tamen nihilominus debet apud consilium causam probare, et ita postea inter amicos manumittere.* » (Gaius, Comm. I, p. 41). Gaius, dans ce texte, ne parle il est vrai que de l'affranchissement *inter amicos*, mais il est hors de doute que cette expression n'est nullement limitative et que les mots *affranchissement inter amicos* sont dans l'espèce synonymes d'affranchissement par un mode non solennel.

CHAPITRE V

Dans les premiers siècles de Rome, il n'y avait qu'une seule espèce de propriété, la même pour tous, la propriété romaine.

« *Aut enim ex jure quiritium unusquisque dominus erat, aut non intelligebatur dominus.* » (Gaius, Comm. I, § 40.) De plus, la propriété romaine, le *dominium ex jure Quiritium* était l'apanage exclusif du citoyen. Il pouvait seul l'acquérir et le conserver. La transmission de la propriété ne pouvait avoir lieu qu'au moyen de modes solennels, et déterminés par le droit civil : cette règle d'ailleurs est loin d'être absolue, car elle ne pouvait pas l'être, ni logiquement ni pratiquement, en raison de l'infinie variété des choses qui peuvent appartenir à quelqu'un. Néanmoins, les Romains ont poussé la rigueur jusqu'à ses dernières limites, et la division des choses en *res mancipi* et *res nec mancipi* est la conséquence de cette idée fondamentale en droit romain : que la propriété est chose sacrée, et que les seuls citoyens peuvent l'aliéner, mais en se conformant, autant que possible, à de strictes conditions. Enfin, comme autre conséquence de l'idée d'esclavage, le citoyen pouvait acquérir le *dominium ex jure Quiritium* sur les esclaves pris par lui à l'ennemi, en vertu du droit des gens. Notons aussi que la simple tradition transférait la propriété quand il s'agissait d'objets de peu de valeur et d'un usage journalier.

Cette rigueur du droit civil, qui était d'ailleurs très en harmonie avec le génie romain, ne pouvait guère faciliter le commerce ni étendre l'influence de Rome à l'étranger. Les conquêtes des Romains en Italie, et leurs relations de plus en plus fréquentes avec les peuples voisins donnèrent donc forcément naissance à une autre propriété, sorte de propriété du droit des gens que Théophile a le premier désignée sous le nom de *propriété bonitaire*. Bien entendu, le droit civil ne consacra jamais cette propriété qui fut reconnue et sanctionnée par le droit prétorien.

Nous trouvons donc à Rome deux sortes de propriétés : le *dominium ex jure Quiritium*, accessible aux seuls citoyens et sanctionné par les règles précises et étroites du droit civil; et la *propriété bonitaire*, accessible aux étrangers, et susceptible de transmission par les modes du droit des gens. Bien plus, il pouvait arriver qu'un citoyen eût le *dominium ex jure Quiritium* sur une chose qui, en fait, était possédée par une autre personne. Ce droit prenait le nom de *nudum jus ex Quiritium*. A l'inverse, celui qui était propriétaire d'une chose sans avoir sur elle la propriété romaine, était appelé *possesseur in bonis,* et sa propriété prenait le nom de *possessio in bonis.* Nous signalons ici l'analogie singulière qui existe entre la possession *in bonis,* et la situation de l'esclave affranchi par un mode non solennel et qui était maintenu *in libertate.* Il y a entre la possession bonitaire et le *dominium ex jure Quiritium,* d'une part ; entre l'esclave maintenu *in libertate* et l'esclave devenu *liber,* d'autre part, exactement le même rapport. Dans l'un comme dans l'autre cas, nous nous trouvons en présence d'un simple fait, dont le préteur garantit l'existence par le même procédé.

Nous savons qu'un esclave affranchi par un maître qui a sur lui le *dominium ex jure Quiritium,* devient libre et citoyen, tandis que l'affranchi devient Latin Junien lorsque le maître n'a l'esclave que *in bonis.* Nous allons rechercher maintenant dans quels cas un maître avait sur un esclave la possession *in bonis.*

D'abord, si le maître, citoyen romain, recevait

l'esclave d'un autre citoyen, par simple tradition, c'est-à-dire sans employer soit la mancipation, soit tout autre moyen du droit civil, il n'acquérait sur cet esclave que la simple propriété bonitaire. Or, c'était une règle générale en droit romain que la possession *in bonis* conférait des droits beaucoup plus restreints que le *dominium ex jure Quiritium* : c'est pour cette raison que le propriétaire bonitaire d'un esclave, tout en ayant sur lui l'exercice de la puissance dominicale et tous les avantages qui en découlent, n'a cependant pas le pouvoir, en affranchissant un tel esclave, d'en faire un citoyen : cette conséquence est tellement dans la nature même des choses, qu'avant la loi Junia, l'esclave était déjà purement et simplement maintenu en liberté par le préteur.

Supposons en second lieu qu'un Pérégrin ait vendu un esclave à un citoyen romain, et demandons-nous quel genre de propriété l'acheteur aura reçue? Nous serons ainsi amenés à déterminer quelle sera la condition d'un tel esclave quand il aura été affranchi par son second maître, citoyen romain. Si *l'accipiens* a acquis sur l'esclave le *dominium ex jure Quiritium* l'esclave affranchi deviendra citoyen, à la double condition toutefois que son maître l'ait affranchi par un mode solennel, et que l'esclave soit majeur de trente ans, suivant les prescriptions des lois Junia Norbana et Ælia Sentia. Sinon, il deviendra Latin Junien.

Nous pensons qu'en l'espèce, il faut admettre que le maître citoyen romain aura acquis sur l'esclave le *dominium ex jure Quiritium*, et qu'en conséquence l'affranchissement, d'ailleurs régulier sous les autres rapports, rendra l'esclave libre et citoyen romain. Gaius dit, en parlant des Pérégrins : « *Unum est apud peregrinos dominium* »; on doit conclure de ce texte que puisque un Pérégrin ne peut avoir sur ses biens qu'une seule espèce de propriété, qu'une propriété unique, il l'aliène nécessairement tout entière quand il vend sa chose ou son esclave, et que par suite il ne conserve aucune espèce de pouvoir sur les biens par lui aliénés : or, le citoyen romain acheteur de l'esclave d'un Pérégrin, reçoit bien évidemment la toute propriété de cet esclave, c'est-à-dire le *dominium ex jure Quiritium*. Nous citerons encore un texte d'Ulpien dans lequel il parle d'un esclave affranchi par un patron qui l'a simplement *in bonis,* mais dans lequel il suppose expressément que la vente de ce même esclave avait été primitivement conclue entre citoyens romains : ce texte, en raisonnant *a contrario* vient bien à l'appui de notre thèse : « *Qui tantùm in bonis, non etiam ex jure Quiritium servum habet, manumittendo, latinum facit. In bonis tantum alicujus servus est, veluti hoc modo : si civis roma-*

nus a cive romano servum emerit, ipse traditus ei sit, neque tamen mancipatus est : neque ·in jure cessus, neque ab ipso anno possessus sit, nam quamdiu horum quid fiat, is servus in bonis quidem emptoris est, ex jure Quiritium autem venditoris est. » (Ulpien, frag. 1, § 16). Ce texte est corroboré par un autre texte de Triphoninus. (L. XII, § 18, *Dig. De captivitate et Postl.*, 49, 15.)

L'esclave affranchi par un maître qui n'a pas sur lui le *dominium ex jure Buiritium* devient Latin : cette proposition qui fait l'objet du présent chapitre a pourtant été contestée à l'aide d'un texte de Dosithée : « *Sed et illud observandum utqui manumittitur in bonis manumittentis, sit; et ideo si tantum ex jure Quiritium sit manumittentis, non erit latinus; necesse est ergo servum non tantum ex jure Quiritium, sed etiam in bonis esse.* » (Dosithée, *Disputatio de manumissionibus*, § 9.) A première vue, il semble résulter de ce texte que l'affranchissant doit avoir non seulement l'esclave *in bonis*, mais que de plus, il doit avoir sur lui le *nudum jus ex Quiritium,* pour que l'affranchi devienne Latin Junien. Nous ne pensons pas qu'il soit logique d'expliquer ainsi ce texte, et il nous paraît même qu'une telle interprétation est le contraire de la pensée du jurisconsulte. En effet, Dosithée prévoit ici deux hypothèses : ou le maître a l'esclave *in bonis*, et alors l'affranchissement rend l'esclave Latin Junien : ou le maître a sur l'esclave le *nudum jus ex Quiritium*, mais sans avoir l'esclave *in bonis*, et alors l'affranchissement est nul et inexistant pour ainsi dire, car un patron ne peut pas affranchir un esclave qu'il ne possède pas. Nous croyons d'autant plus volontiers que c'est là le véritable sens du passage de Dosithée, que nous retrouvons dans Gaius un texte très précis qui suppose le cas où le domaine quiritaire d'un esclave appartient à une personne, tandis que le domaine bonitaire appartient à une autre personne : Gaius déclare que dans ce cas l'esclave devient Latin Junien s'il a été affranchi par le maître qui l'avait *in bonis* : « *Si ancilla ex jure Quiritium tua sit, in bonis mea; a me quidem solo, non etiam a te manumissa latina fieri potest... nam ita lege Junia cavetur.* » (Gaius, Comm., t. I, § 167.)

Il est bien entendu que dans tous les cas que nous venons d'étudier, nous nous plaçons toujours à l'époque de l'affranchissement pour déterminer le genre de propriété qu'un maître peut avoir sur son esclave. Si donc un maître, simple possesseur *in bonis* d'un esclave, acquiert par l'usage, c'est-à-dire par la possession même, la propriété romaine sur l'esclave, il est évident que l'affranchissement, régulier d'ailleurs, aura pour effet de rendre l'esclave libre et citoyen romain.

Nous avons dit précédemment qu'un affranchissement serait inexistant plutôt que nul s'il était fait par un maître qui n'a plus sur un esclave que le *nudum jus ex Quiritium* : c'est d'évidence, car un tel maître n'a sur l'esclave ni l'exercice de la puissance dominicale ni la faculté d'affranchissement (Gaius, Comm. I, par. 54); cependant si l'affranchissement était fait par un mode solennel, tout en restant inexistant à l'égard de l'esclave, il conférerait néanmoins au possesseur *in bonis,* citoyen romain, le *dominium ex jure Quiritium.* Ce résultat est la conséquence de cette idée fondamentale de la propriété romaine dont nous avons déjà parlé : en effet, si le possesseur *in bonis* n'acquérait pas le *dominium ex jure Quiritium,* l'esclave n'aurait plus de maître, car un affranchissement solennel suppose très certainement chez l'affranchissant la ferme volonté de se dépouiller du titre de *dominus.*

— Avant d'avoir épuisé cette matière il nous reste à étudier les effets de l'affranchissement fait par un patron qui n'aurait sur l'esclave qu'un droit de propriété limité ou démembré ; le droit de propriété est limité, lorsqu'un maître n'a sur une chose qu'une propriété indivise ; il est démembré, lorsque la chose est grevée d'un droit d'usufruit, d'un droit de gage ou d'un droit d'hypothèque. Trois hypothèses peuvent se présenter : l'esclave appartient à plusieurs maîtres ; l'esclave est grevé d'un droit de gage ou d'hypothèque, enfin l'esclave est grevé d'un droit d'usufruit ou d'usage. Nous examinerons successivement ces trois propositions.

Première hypothèse. — L'esclave appartient par indivis à plusieurs maîtres.

Si l'esclave est affranchi par un de ses patrons, il ne devient pas libre ; cette solution est évidente et rationnelle, car on ne saurait concevoir qu'une personne pût être en même temps esclave et libre ; or, la volonté manifeste d'un maître qui veut affranchir, n'a pas pour effet de neutraliser la volonté non moins manifeste d'un autre maître qui veut maintenir un esclave dans son patrimoine. Telle est la règle générale et logique. Toutefois certains tempéraments ont été apportés à ce principe, et l'on fait ici une distinction : ou bien l'esclave (en le supposant possédé par un maître unique) fût devenu Latin Junien par son affranchissement, ou bien il fût devenu au contraire libre et citoyen romain. Dans le premier cas, l'affranchissement fait par un des patrons était nul et ne pouvait porter aucun préjudice aux copropriétaires ; dans le second cas, au contraire, l'affranchissement consenti par un des patrons,

équivalait à l'abandon de son droit de propriété
sur l'esclave, et dès lors, l'affranchissement profi-
tait très certainement aux copropriétaires qui
acquéraient *jure accrescendi* la part de propriété
dont la manumissor s'était dépouillé.

Cette législation était très rationnelle, mais aussi
très rigoureuse, car il suffisait de la mauvaise
volonté et même du simple caprice d'un patron
indivis pour empêcher d'arriver à la liberté
un esclave qui en était digne. Septime Sévère
et Caracalla furent les premiers qui appor-
tèrent une modification à cet état de choses;
ils décidèrent que l'esclave deviendrait libre
s'il avait été affranchi par le testament d'un co-
propriétaire militaire. (L. I, prœ. C. de comm.
serv. vii, 7.)

Enfin Justinien abrogea complètement ces
dispositions rigoureuses; il abolit la distinction
entre les affranchissements par testament et les
affranchissements par actes entre vifs, et il décida
que l'esclave affranchi serait libre, et aurait pour
patron celui de ses maîtres qui l'affranchirait. (L.
unica, p. 5. C. de comm. serv. vii, 7.)

DEUXIÈME HYPOTHÈSE. — L'esclave affranchi est
grevé d'un droit de gage ou d'un droit d'hypothèque. Il faut ici considérer deux cas différents :
ou bien l'esclave a été seul constitué en gage; ou

bien l'esclave fait partie d'une universalité de biens qui a été constituée en gage.

Dans le premier cas, le consentement du créancier gagiste est nécessaire pour que l'affranchissement produise quelque effet; et ce consentement est indispensable, quand bien même le débiteur serait solvable. Toutefois, la volonté d'un patron étant suffisante pour conférer la liberté à un esclave, on doit admettre que l'esclave sera affranchi sous condition suspensive, et qu'il sera réellement libre quand le débiteur aura désintéressé le créancier gagiste. (L. III, *De manumiss.*, 40, 1.— C. 1 et 4, *De servis pignore patis manumissis.* C. 7, 8.)

Dans le second cas, des considérations de justice et d'humanité on fait décider que l'esclave serait libre aussitôt son affranchissement, toutes les fois qu'il ferait partie d'un gage général. Néanmoins l'esclave ne doit pas être affranchi en fraude des droits des créanciers, non plus que dans l'intention de leur nuire; c'est là une disposition formelle de la loi Ælia Sentia. (L. XXVII, § 1, Dig. *qui et a quibus*, 40, 9.)

Il est superflu d'ajouter que dans l'un comme dans l'autre cas, le consentement formel du créancier gagiste suffit pour rendre l'affranchissement valable, et qu'alors l'esclave affranchi devient Latin Junien ou citoyen romain, suivant que les trois conditions indiquées par Gaius se trouvent ou non réunies.

TROISIÈME HYPOTHÈSE. — L'esclave est grevé d'un droit d'usufruit ou d'un droit d'usage. Quel est, dans ce cas, l'effet d'un affranchissement émané soit du nu-propriétaire, soit de l'usufruitier? Nous nous trouvons ici en présence d'une question controversée sur laquelle deux opinions ont été émises.

Premier système. — Il y a une analogie parfaite entre ce cas et celui où un esclave grevé d'un droit de gage ou d'hypothèque a été affranchi; et par suite nous devons raisonner comme dans notre deuxième hypothèse. Les effets de l'affranchissement sont subordonnés à la durée de l'usufruit, ou seront suspendus jusqu'à son extinction. En conséquence, l'esclave affranchi par le nu-propriétaire sera libre en droit, mais en fait il restera en servitude et au service de l'usufruitier tant que durera l'usufruit. L'esclave affranchi par l'usufruitier restera au contraire esclave en droit, mais, en fait, il jouira de la liberté jusqu'au jour où l'usufruit prendra fin régulièrement. A l'appui de cette opinion, on fait observer que l'usufruit constitue un droit essentiellement temporaire et que par sa nature même, ce droit ne saurait faire obstacle à l'acquisition de la liberté ; par conséquent un nu-propriétaire peut incontestablement affranchir son esclave grevé d'un droit d'usufruit ; toutefois, le nu-propriétaire doit respecter les droits de l'usufruitier, et voilà pourquoi nous disons que l'esclave devenu libre en droit, demeure esclave en fait. Car aucun texte ne mentionne l'affranchissement au nombre des modes d'extinction de l'usufruit.

Nous raisonnerons de même en ce qui concerne l'affranchissement fait par l'usufruitier ; nous nous trouvons encore en présence de deux sortes de droits appartenant à deux personnes différentes. L'usufruitier est libre de ne point se servir d'un esclave, mais, comme il doit respecter le droit rival du nu-propriétaire et que d'autre part, il doit rendre les choses qui font l'objet de l'usufruit *salva rerum subitantiâ*, l'esclave qui, en fait, sera demeuré libre pendant toute la durée de l'usufruit, redeviendra esclave quand l'usufruit aura pris fin. Ce système s'appuie sur les textes suivants : C. L. 9. par. 20. D. de Hœrœd. instit. 28, 5, et L. I. C. Com. de manumiss. vii, 15).

Deuxième système. — L'affranchissement, qu'il soit émané du nu-propriétaire ou de l'usufruitier, équivaut à une renonciation pure et simple d'un droit, à une sorte de *derelictio* : ainsi, quand il

émane du nu-propriétaire, l'affranchissement
rend l'esclave *servus sine domino;* quand il émane
de l'usufruitier, il fait purement et simplement
retomber l'esclave dans le domaine du nu-propriétaire. On s'appuie pour soutenir cette opinion
sur le texte suivant d'Ulpien : « *Servus in quo
alterius est usufructus, alterius proprietas, a pro-
prietatis domino manumissus liber non fit, sed
servus sine domino* ».

Justinien a introduit dans cette matière des
nionvations qui expliquent la contradiction des
textes différents sur lesquels s'appuient l'un et
l'autre système. Il est vraisemblable qu'au temps
d'Ulpien les choses se passaient conformément au
texte que nous venons de citer, et qu'au temps
de Justinien, c'est la théorie du premier de nos
systèmes qui régit la matière.

Les mêmes solutions doivent être admises s'il
s'agit d'un legs ayant pour objet les services d'un
esclave.

Notons enfin, en terminant, que l'affranchissement est valable et définitif s'il a eu lieu avec le
consentement simultané du nu-propriétaire et de
l'usufruitier; l'esclave devient alors, suivant les
cas, Latin Junien ou citoyen romain.

CHAPITRE VI

L'ESCLAVE AFFRANCHI DEVIENT LATIN JUNIEN
QUAND IL EST MINEUR DE TRENTE ANS. —
EXCEPTIONS A CE PRINCIPE.

La loi Ælia Sentia exige que l'esclave ait au moins trente ans révolus, pour que l'affranchissement, régulier d'ailleurs, lui confère en même temps que la liberté le titre de citoyen romain : si l'esclave a moins de trente ans, il devient Latin Junien, à moins toutefois que l'affranchissement ne soit fait par le mode solennel de la vindicte, en vertu d'une cause juste qu'un conseil spécial doit avoir au préalable examinée et approuvée ; dans ce dernier cas, l'esclave affranchi devient citoyen.

Pendant les premiers siècles de l'histoire romaine la liberté d'affranchir était illimitée, comme la puissance dominicale était absolue : ces deux idées découlent l'une de l'autre et sont corrélatives. Mais, les longues guerres de la République qui diminuèrent le nombre de la population ingénue en Italie, accrurent au contraire le nombre des esclaves dans des proportions considérables, et par suite le nombre des affranchis.

A l'époque des guerres civiles, les principaux citoyens de Rome prirent l'habitude de multiplier à l'infini le nombre des affranchissements : c'était d'abord un moyen de créer des soldats, c'était ensuite une manœuvre habile pour grossir les rangs des différents partis politiques. Enfin, la vanité humaine ne perdant jamais ses droits, on vit des patrons affranchir à tort et à travers les esclaves les plus indignes, par pure ostentation, pour traîner après soi un entourage de clients, ou pour se faire suivre après sa mort d'un interminable cortège funèbre composé d'affranchis coiffés du bonnet de la liberté.

Un tel état de choses présentait de sérieux dangers, et l'on reconnut de bonne heure la nécessité de limiter le nombre des affranchissements : les lois *Ælia Sentia* et *Fusia Caninia* intervinrent pour rendre l'accès de la cité romaine plus difficile aux affranchis.

Nous n'avons à parler ici que de la disposition spéciale de la loi *Ælia Sentia*, qui décide que l'esclave affranchi avant trente ans révolus ne devient pas citoyen romain. Pour justifier cette règle, on fait observer qu'avant d'avoir atteint l'âge de trente ans, l'esclave n'a pu rendre à son patron aucun service assez important pour mériter en même temps que la liberté le titre de citoyen romain. Cependant, comme on risquait de tomber dans l'absurde en généralisant cette idée, un tempérament a été apporté à la règle de la loi Ælia Sentia : en effet, le maître pouvait être très légitimement en droit d'accorder la liberté à son esclave, en récompense de service très importants, ou bien encore certaines considérations d'humanité pouvaient imposer, pour ainsi dire, au maître, comme une obligation morale d'affranchir son esclave ; nous aurons occasion de revenir plus bas sur les exceptions admises ; mais auparavant, nous devons exposer et étudier le principe.

Dans un paragraphe de Gaius, (Comm. I, § 17) que nous avons déjà cité, ce jurisconsulte nous dit que l'esclave affranchi avant d'avoir accompli sa trentième année devient Latin Junien. Mais ce texte, d'ailleurs très précis, est absolument contredit par le texte suivant d'Ulpien : « *Eadem lege cautum est, ut minor trignita annorum servus vindictà manumissus, civis Romanus non fiat, nisi, apud consilium causâ probatâ fuerit. Ideo sine consilio manumissum Cæsaris servum manere putat : testamento verò manumissum perindè haberi jubet, atque si domini voluntate in libertate esset, ideoque latinus fit* ». (Ulpien, I, § 12.) Il semble bien résulter de ce fragment qu'un esclave mineur de trente ans, affranchi par la vindicte, mais sans l'approbation du conseil, devient la propriété de l'Empereur; qu'un esclave affranchi par testament devient au contraire latin. Les deux textes de Gaius et d'Ulpien sont donc manifestement contradictoires. En effet, Gaius formule une règle générale : il enseigne que l'esclave affranchi avant l'âge de trente ans devient Latin Junien, sans distinguer si l'affranchissement a eu lieu *vindictâ* ou *testamento*. Ulpien, au contraire, fait une distinction entre l'affranchissement par la vindicte et l'affranchissement par testament. Dans le premier cas, l'affranchissement produit, suivant lui, ce singulier effet d'attribuer la propriété de l'esclave à l'Empereur : dans le second cas, l'esclave devient Latin Junien. On ne saurait hésiter entre ces deux textes, et il nous paraît évident que Gaius a raison. En effet, pour quel motif invoquerait-on une différence entre l'affranchissemt *vindictâ* et l'affranchissement *testamento*? Ces deux modes de concéder la liberté à un esclave n'appartiennent-ils pas l'un et l'autre à la catégorie des actes solennels que le droit civil admet et consacre? Pourquoi ensuite attribuer, dans le cas de l'affranchissement par la vindicte, la propriété de l'esclave à l'Empereur? et pourquoi, — surtout si l'affranchissement *vindictâ* est nul quand le conseil n'a pas examiné et approuvé la juste cause, — pourquoi disons-nous, le patron ne.

demeure-t-il pas purement et simplement propriétaire de l'esclave, puisqu'en réalité il n'y a
pas eu d'affranchissement? Ces considérations
nous paraissent concluantes.

Nous devons pourtant reconnaître que de
nombreuses et ingénieuses tentatives ont été faites
pour concilier ensemble les deux textes d'Ulpien
et de Gaius : on a proposé d'un côté des corrections ;
d'un autre côté, on a opéré des retranchements
dans le texte d'Ulpien ; Zimmern (t. I, § 2, p. 763,
note 15, *Geschichte des Romischen Privatrechts*)
dit qu'il faut lire, dans le texte d'Ulpien *Senatus*
au lieu de *Cœsaris*. Schilling (*Étude critique des
fragments d'Ulpien*) propose de remplacer le mot
Cœsaris par le mot *Censuve*. Cette dernière sup-
position nous paraît complètement inadmissible,
car un texte d'Ulpien nous dit, qu'à son époque,
l'affranchissement par le cens était tombé en
désuétude : « *Censu manumittebantur olim qui
lustrali censu Romæ jussu dominorum, inter cives
Romanos censum profitebantur*». (Ulpien, frag. I,
§ 18.)

Cujas et la plupart des anciens auteurs émettent
l'avis de supprimer le mot *Cœsaris*. Mais alors,
on arrive à ce résultat bizarre que l'esclave
affranchi par la vindicte sans l'approbation du
conseil, demeure esclave! D'ailleurs, ces différentes
corrections proposées par d'éminents commen-

tateurs ont toutes le défaut d'être arbitraires, et de ne s'appuyer non seulement sur aucun texte, mais encore sur aucune raison sérieuse.

La théorie de M. Demangeat (*Cours élémentaire de droit romain*, 2me édition, p. 188) nous paraît devoir être adoptée. M. Demangeat propose de supprimer purement et simplement le membre de phrase qui fait l'objet du débat : « *Ideo sine consilio manumissum Cæsaris servum manere putat* ». Il pense, en effet, que cette phrase n'est point d'Ulpien, et qu'elle a été ajoutée au texte primitif par un commentateur. Cette correction offre ce grand avantage qu'elle lève toute espèce de contradiction entre le texte de Gaius et celui d'Ulpien : dès lors, les deux jurisconsultes donnent la même solution, et enseignent qu'aux termes de la loi Ælia Sentia, l'esclave affranchi avant l'âge de trente ans devient Latin Junien, à moins que la cause de son affranchissement n'ait été examinée et approuvée par un conseil spécial, auquel cas il devient citoyen si le patron a employé pour l'affranchissement le mode solennel de la vindicte.

— Nous allons maintenant passer en revue et étudier trois exceptions apportées au principe que nous venons d'examiner.

PREMIÈRE EXCEPTION. — L'esclave mineur de trente ans, mais affranchi *vindictâ*, avec l'approbation d'une juste cause par un conseil spécial, devient citoyen. (Gaius, Comm. 1, par. 17 et 18.)

Avant de rechercher quelles étaient les justes causes dont nous parlent les textes, nous dirons quelques mots du conseil spécial appelé à donner son avis et son autorisation. Ce conseil formait un véritable tribunal, convoqué par un magistrat. A Rome, il était présidé par le consul ou par le préteur, et il se composait de cinq sénateurs et de cinq chevaliers ; dans les provinces, il était présidé par le proconsul ou le propréteur, et il était composé de vingt récupérateurs. Si nous sommes exactement fixés sur la composition de ce conseil, il n'en est pas de même en ce qui concerne la nomination des membres qui le composaient : pourtant les Romanistes les plus autorisés croient que les conseillers étaient nommés par le magistrat président ; cette opinion se fonde sur un texte d'ailleurs assez obscur et amphigourique : « *Consul consilii causam examinat* ». Ce qui paraît plus certain, c'est que ce conseil tenait des séances régulières, et qu'il se réunissait à Rome comme dans les provinces, à des époques déterminées. (Gaius, l. I, § 20 ; Ulpien, fragment I, § 13.)

(Consulter sur cette question MM. Giraud et

Laboulaye. Tables de Salpensa et Malaga expliquées, et M. Accarias, t. I, p. 129, n. 4).

Le conseil spécial dont nous parlons était compétent dans deux cas : pour permettre à un esclave mineur de trente ans de devenir citoyen, par suite de son affranchissement, et pour autoriser un maître mineur de vingt ans à affranchir valablement un esclave. Nous n'avons à examiner ici que le premier de ces deux cas, c'est-à-dire à rechercher quelles étaient les *justes causes* dont l'approbation par le conseil entraînait l'affranchissement de l'esclave, et lui permettait d'acquérir en même temps que la liberté, le titre et les prérogatives de citoyen romain.

A. Ces justes causes proviennent de deux ordres d'idées différents : elles peuvent être la récompense de services importants rendus par l'esclave à son maître ; ou elles peuvent être motivées par une obligation morale pour le patron d'affranchir son esclave, par exemple si cet esclave est son père, sa mère, son frère, son précepteur, son frère de lait, son fils ou sa fille. (Justinien, *Inst.* p. 5 : *qui quibus ex causis* 1 — 6.) — Ces considérations morales que Justinien énumère suffisent évidemment à légitimer l'affranchissement, mais une question se présente : comment un père ou une mère peuvent-ils être l'esclave de leur fils ? Sans doute, ce cas a dû être assez rare, mais juridiquement parlant, il est possible. Supposons, en effet, que *Primus*, qui est esclave, soit affranchi et institué héritier par son maître : comme il peut très bien arriver que non seulement *Primus* ait été esclave, mais que son père, sa mère ou tout autre membre de sa famille soient également les esclaves du même maître, on conçoit que *Primus* devenu libre en devenant héritier de son maître, ait nécessairement acquis la propriété de toutes les choses qui étaient dans le patrimoine du *de cujus*, et par suite qu'il se trouve être le patron d'un membre quelconque de sa famille.

B. Marcien (frag. XIV. *De Manumiss. vind.*) signale une autre juste cause d'affranchissement : c'est quand un maître donne la liberté à une esclave, dans le but de l'épouser ; mais alors, le maître doit s'engager par serment à épouser l'esclave affranchie dans un délai de six mois.

Si le mariage n'a pas eu lieu dans le délai réglementaire, l'affranchissement est nul, ce qui est une conséquence directe de la règle établie. Très certainement pendant six mois l'esclave aura eu l'exercice de la liberté, mais son affranchissement dépendant d'une condition suspensive, et la condition ne se réalisant pas, il n'y a point d'affranchissement. Il faut pourtant apporter un tempérament à cette solution, d'ailleurs très logique, et c'est Marcien lui-même qui nous l'indique, dans une autre partie du texte que nous venons de mentionner : il peut se faire, en effet, qu'un fait postérieur à la manumission vienne créer un empêchement au mariage entre le maître et l'esclave affranchie sous condition suspensive : aussi le patron peut devenir sénateur ; dans ce cas, l'accomplissement du mariage devenant impossible en droit, il n'y a pas de la faute du maître s'il n'épouse pas son affranchie ; il est donc alors très équitable de décider que l'esclave aura définitivement acquis la liberté.

Nous signalerons ici une autre question assez délicate, et qui généralement est résolue dans un sens que nous ne saurions admettre : quelle est la condition de l'enfant mis au monde par une affranchie pendant l'intervalle des six mois qui sépare son affranchissement de son mariage avec le patron ? Un texte (L. 19. De *Manumiss. vind.*) dit que la condition de l'enfant restera en suspens et que l'enfant sera libre ou esclave, suivant que le mariage aura lieu ou non. — Ce texte nous paraît être le renversement des principes les plus incontestés du droit romain : à savoir que l'enfant suit la condition de la mère à l'époque de l'accouchement, et que l'enfant conçu, est réputé né, toutes les fois qu'il y va de son intérêt.

Or, du moment que la femme accouche pendant les six mois, elle accouche en état de liberté, et par conséquent son enfant naît libre : sans doute, sa condition définitive de femme libre dépend d'un fait encore inconnu, mais cela importe peu, car la précarité d'un droit n'empêche pas ce droit d'exister, et par conséquent de produire ses effets.

G. Au nombre des justes causes d'affranchissement, il faut placer encore le cas où un maitre affranchit son esclave, pour le charger de ses affaires « *procuratoris habenti gratiâ.* » Dans cette hypothèse, l'esclave ne pouvait être affranchi qu'à condition d'avoir dix—sept ans révolus, car Ulpien nous apprend que c'est seulement à cet âge qu'il est possible de postuler pour autrui (Ulpien frag. II et III de Pòst.)

L'énumération de ces justes causes, que nous venons d'examiner, n'est point limitative, et le conseil avait la facilité d'en admettre d'autres.

Notons en terminant que la décision du conseil n'était pas susceptible d'appel : une fois l'affranchissement prononcé, la liberté était définitivement acquise à l'esclave, quand bien même la juste cause invoquée devant le conseil aurait été fausse ou inexistante : « *Semel causâ probatâ, sine verâ sit, sive fulsâ, non retractatur.* » (Inst. p. 6, *qui quibus ex causis.*)

Deuxième exception. — L'esclave mineur de trente ans, affranchi et institué héritier par son maître dans son testament, devient citoyen.

Cette deuxième exception, qui résulte des termes mêmes de la loi Ælia Sentia, n'a pas été introduite en faveur de l'esclave, mais uniquement dans le but de ne point laisser mourir *intestat*, un citoyen insolvable. L'esclave, ainsi affranchi, devient en effet héritier nécessaire, c'est-à-dire héritier malgré lui, et c'est en son nom que sont vendus les biens héréditaires : « *Minor tinginta annorum servus, manumissione potest civis Romanus fieri, si ab eo domino qui solvendo non erat testamento liber et heres relictus sit.* » (Gaius. Comm, 1. § 21.)

Toutefois, si la loi protège la mémoire d'un testateur insolvable, elle protège aussi les créanciers qui lui survivent, et un citoyen ne peut affranchir de cette manière qu'un seul esclave.

Enfin, l'esclave ne deviendrait pas héritier nécessaire, et libre par conséquent, si le testament du *de cujus* contenait l'institution d'un autre héritier.

Trosième exception. — L'esclave, mineur de trente ans, devient citoyen s'il est nommé tuteur par testament. Cette exception à la règle générale est formelle, au temps de Justinien, ainsi que le prouve le passage suivant des *Intitutes* : « *Servus proprius testamento cum libertate, rectè tutor dari potest : sed sciendum est eum et sine libertate tutorem datum, tacite libertatem accepisse et per hoc rectè tutorem esse.* » (Inst., § 1, *qui testam. tut. dari poss...*) Ainsi donc, on considère la manumission comme sous-entendue, toutes les fois que le testament nomme tuteur un esclave.

Mais, en était-il de même dans l'ancien droit, et faut-il décider que, sous l'empire de la loi Ælia Sentia, l'esclave nommé tuteur par testament devenait citoyen, même avant l'âge de trente ans ?

Deux systèmes ont été proposés.

Premier système. — Non, l'esclave mineur de trente ans ne devient pas citoyen par le seul fait qu'il a été nommé tuteur par testament. — En effet, une pareille nomination ne peut pas être considérée comme un affranchissement proprement dit, mais tout au plus comme un legs fidéicommissaire de la liberté, legs qui est à la charge de l'héritier (Ulpien, l. 10, § 4. *De testam. tut.*). Que l'esclave devienne libre en fait, et par conséquent Latin, c'est évident ! Mais qu'il devienne tuteur et citoyen, sans qu'un affranchissement formel ait été prononcé, on ne saurait l'admettre en présence du texte d'Ulpien.

Second système. — Oui, l'esclave mineur de trente ans devient citoyen par le seul fait qu'il a été nommé tuteur par testament.

En effet, nous trouvons au digeste un texte de Paul qui est formel : « *Lucius Titius heredes instituit filios suos pupillaris ætatis eisque tutores his verbis dedit : filiis meis tutores sunto Gaius Mœrius et Lucius Eros. Cui Eroti libertatem non dedit; fuit autem Eros intra. XXV annos quœro an possit libertatem sibi vindicare. Paulus respondit quoniam placet eum qui a domino tutor datus est libertatem quoque meruisse videri : eum quoque de quo quœretur, in eadem causâ habendum et liberum quidem ab aditâ hereditate esse, tutelâ tamen post legitimam ætatem onerari.* » (Paul, III, § 2, *De testament., tut.*)

Ce texte doit être ainsi entendu : sans doute la nomination de l'esclave comme tuteur suppose implicitement le legs fidéicommissaire de la liberté, et c'est à l'héritier à affranchir l'esclave dès qu'il aura fait addition d'hérédité. Mais, dira-t-on, l'esclave a moins de trente ans, et par conséquent, aux termes de la loi Ælia Sentia il ne peut pas devenir citoyen! Non, répond-t-on, et c'est précisément la question : la nomination de l'esclave comme tuteur est une juste cause d'affranchissement ; cette cause existe en vertu d'un testament, elle est certaine, le conseil ne pourra pas faire autrement que de l'admettre, et d'ailleurs il faut de toute nécessité que l'esclave soit citoyen pour pouvoir être tuteur. Il est donc certain que le fait même de la nomination entraîne pour l'esclave la qualité de citoyen, puisqu'il ne pourrait pas être tuteur sans cela : on se trouverait donc ainsi en complet désaccord avec les principes élémentaires du droit qui reconnaissent à un *de cujus* la faculté formelle de nommer tuteur qui bon lui semble.

— Nous avons examiné dans nos trois derniers chapitres les cas où l'esclave affranchi devient Latin junien. Terminons cette étude en faisant remarquer qu'une réaction favorable aux esclaves a engendré les deux premières causes de latinité, et qu'une réaction défavorable a engendré la troisième.

Dans les deux premiers cas, si l'esclave affranchi devient Latin junien, c'est par la volonté du maitre, qui, ne ne voulant pas avoir son esclave pour égal, emploie à dessein un mode non solennel d'affranchissement, ou qui, n'ayant pas sur son esclave le *dominium ex jure quiritium*, néglige de l'acquérir par la possession annale.

Dans le troisième cas, au contraire, l'esclave devient Latin, parce que la volonté de son maitre est impuissante à le vieillir ou à créer de justes causes d'affranchissement. (M. Accarias, Précis de droit romain, t. 1, page 112).

CHAPITRE VII

Nous avons exposé précédemment dans quels cas un affranchi devenait latin junien : nous allons examiner maintenant la condition juridique des Latins Juniens à Rome, en faisant ressortir les différences qui séparent leur condition de celle des affranchis devenus citoyens. Le texte de Gaius, que nous suivrons littéralement, combiné avec certains fragments d'Ulpien, nous fournira tous les éléments de cette étude.

Un principe domine toute la matière : l'affranchi latin junien est assimilé au latin coloniaire, et jouit en général des mêmes droits privés

Justinien nous représente la condition du Latin Junien comme inférieure : « *Qui manumittebantur Modo minorem libertatem consequebantur et latini ex Juniâ Norbanâ lege fiebant.* » (Inst., tit. V. § 3) et avant lui, Salvien la désignait par ces mots énergiques : « *jugum latinœ libertatis vinculum* : (Salvien, *contra avaritiam*, lib. III, cap. VII).

A. L'affranchi Latin Junien est assimilé pendant sa vie au Latin coloniaire.

Dans l'ordre politique, le Latin Junien n'a ni le *jus suffragii*, ni le *jus honorum* : dans l'ordre privé il n'a pas le *jus connubii* (Gaius, 6, 1, § 57). Par conséquent, l'enfant né de l'union d'un citoyen romain avec une latine naissait Latin, par application du principe que l'enfant suit la condition de sa mère quand le *connubium* n'a pas existé entre ses parents. Cette solution, vraie en théorie, reçoit pourtant un tempérament dans le cas d' « *erroris causæ probatio* »; nous en parlerons plus bas.

Mais en revanche, que décider relativement à la condition d'un enfant né de l'union d'un Latin avec une citoyenne romaine ? La loi Mensia, rendue sous Auguste, dit qu'en cas de conditions juridiques différentes entre ses père et mère, l'enfant suit la pire condition. Cette loi très certainement applicable dans le cas où l'un des parents est Pérégrin ou *Latinus veter* et l'autre Romain, est-elle également applicable quand le père est Latin et la mère Romaine ? La raison de douter vient des lacunes regrettables qui existent dans le § 79, du manuscrit de Vérone, lacunes qui ne nous permettent pas de savoir si la loi Mensia était applicable dans le cas qui nous occupe. Plus tard sous Hadrien, un Senatus-Consulte abrogea la loi Mensia et décida que l'enfant né d'un affranchi latin et d'une citoyenne romaine naîtrait citoyen romain : « *Hoc jure utimur ex senatus-consulto, quo auctore divo Hadriano significatur, ut omni modo ex Latino et cive romano natus, civis romanus nascatur.* » (Gaius, Comm. 1, § 80).

B. L'affranchi Latin Junien n'avait pas sur ses enfants la puissance paternelle pour deux raisons : parce qu'il n'avait pas la *connubium*, et parce qu'il n'était pas citoyen romain ; c'est pour cette dernière raison encore qu'il ne pouvait avoir aucun agnat, et qu'il ne jouissait d'aucun des privilèges attachés à l'agnation.

C. Le latin junien avait le *commercium*, c'est-à-dire le pouvoir d'acquérir par mancipation la propriété romaine, et de disposer de cette propriété, conformément aux règles du droit civil : cette faculté est la principale différence qui existait entre le Latin et le Pérégrin : aussi, M. de Savigny a-t-il pu dire très justement que les Latins Juniens avaient un « demi-droit de cité » (Savigny, *Des personnes considérées comme sujets des rapports de droits*, t. II, chap. ii).

Enfin, le Latin Junien avait un droit *sui generis* très précieux : il pouvait dans certains cas, et sous certaines conditions que nous étudierons plus loin, devenir citoyen romain.

D. La loi Junia Norbana accordait à l'affranchi

Latin Junien la faction de testament passive, mais, elle ne lui reconnaissait pas le *jus capiendi ex testamento*. (Gaius I, §. 23). Plus tard, il fut encore déclaré incapable de recueillir une donation à cause de mort ; on ignore à quelle époque cette dernière innovation fut introduite : nous savons seulement, par un fragment de Paul, que c'est sur la proposition du Sénat qu'elle fut édictée : « *Senatus censuit, placere mortis causâ donationes factas in eos quos lex prohibet capere, in eadem causâ haberi in quâ essent quœ testamento his legata essent quibus capere per legem non liceret.* » (Paul, *Commentaires sur les lois Julia et Papia*, loi 35, *præ.*) Un autre texte (*Fragmenta vaticana*, § 259) nous indique aussi de la manière la plus formelle cette assimilation des donations à cause de mort aux legs. M. de Vaugerow et M. Machelard ne sont pas d'accord sur l'auteur de ce fragment : le premier de ces commentateurs distingués l'attribue à Papinien, le second à Paul.

Cette impossibilité pour les Latins juniens de recevoir une donation à cause de mort mérite d'être remarquée : en effet, sous certains rapports, le Latin junien était assimilé au *cœlebs*, qui lui aussi, était privé du *jus Capiendi hereditates vel legata ;* au contraire, nous verrons plus loin que le Latin junien avait la faculté de *capere ex fidei-*

commisso, tandis que le célibataire ne l'avait pas. On peut se demander quelle utilité pratique le Latin junien pouvait tirer de son droit de faction de testament passive, puisqu'il n'avait pas en même temps le *jus capiendi ex testamento ?* Ce droit lui était très profitable dans un cas : il lui permettait de recueillir une succession, s'il arrivait à la cité romaine avant la mort du testateur, ou même pendant l'intervalle de la crétion, c'est-à-dire pendant le délai de cent jours après la mort du testateur : « *Latinus junia-nus, si quidem mortis testatoris tempore, vel intra diem cretionis civis romanus sit, heres esse potest ; quod si latinus manserit, lege Juniâ capere here-ditatem prohibetur.* » (Ulpien). Nous dirons plus loin dans quels cas le Latin junien pouvait deve-nir citoyen : ces cas étaient assez fréquents, et les conditions exigées assez faciles. Il est dès lors aisé de comprendre quelle importance il y avait pour un Latin junien à avoir la faction de testa-ment passive, car si ce droit lui avait été refusé, son institution d'héritier étant nulle et inexistante dès le principe, il n'aurait pas pu recueillir une succession, même en devenant citoyen romain.

E. Nous avons dit que le Latin junien, au con-traire du célibataire, avait le droit de *capere ex fideicommisso.* Sous Auguste, les fidéicommis devinrent obligatoires, et Gaius nous dit (Com. I,

§ 24) que rien n'empêchait un Latin d'en recueillir; ainsi donc, un testateur pouvait aisément
tourner la loi Junia Norbana, en employant le
mode fidéicommissaire pour disposer de ses biens.

M. Accarias (*Précis de droit romain*, t. I, page
113, note 1) fait remarquer qu'il y a dans ce texte
de Gaius un argument en faveur de l'opinion qui
place en 671 la date de la loi Junia Norbana, car
l'esprit de cette loi étant que le Latin ne peut
recueillir en temps que latin, il est probable que,
si elle n'eût été rendue qu'en 772, c'est-à-dire
sous Tibère, elle n'eût point laissé subsister un
moyen indirect pour les citoyens d'éluder ses dispositions au moyen d'un fidéicommis.

F. Un texte de Gaius nous dit très formellement
que les Latins juniens ne peuvent point être nommés tuteurs par testament : « *Nec tamen illis per-
mittit lex Junia......: tutores testamento dari.* »
(Gaius, Comm. I, § 23). Ce texte est assurément
limitatif et il ne faut point en conclure qu'un Latin
Junien ne puisse être tuteur; or, comme par application des principes, il ne saurait être question
ici de tutelle légitime, il faut admettre qu'un
Latin Junien peut être investi d'une tutelle dative,
et c'est ainsi qu'on explique un texte des *Fragmenta Vaticana* qui nous dit que le Latin Junien
peut se faire excuser de la tutelle *exemplo civium
Romanorum.*

G. Si l'esclave, devenu par son affranchissement Latin Junien, est impubère, il aura pour tuteur le patron qui lui a donné la liberté.

Mais, que faut-il décider si, affranchi avant sa puberté, l'esclave est devenu Latin parce que son maître n'avait pas sur lui le *dominium ex jure Quiritium?* Qui sera tuteur, le maître *bonitaire* ou le maître *ex jure Quiritium?* Gaius nous apprend que c'est le *dominum ex jure Quiritium* qui aura la tutelle : « *sed latinorum et latinarum impuberum tutela ad eos quorum ante manumissionem fuerunt pertinet. Quod si ancilla ex jure Quiritium tua sit, in bonis mea, a me quidem solo, non etiam a te manumissa, latina fieri potest et bona ejus ad me pertinent sed ejus tibi tutela competit.* » Sans doute, cette règle est très conforme à la rigidité des principes du droit romain, mais elle est en contradiction avec une autre règle de la tutelle légitime des agnats : « *Ubi emolumentum successionis ibi et onus tutelæ.* »

H. Quelle est la condition juridique des enfants d'un Latin Junien? Nous avons déjà indiqué dans notre chapitre Ier que les enfants nés avant l'affranchissement du père, restaient esclaves du maître; et que les enfants nés après l'affranchissement de leur père naissaient libres et ingénus. Mais ici se présente une question intéressante : avant la loi

Junia Norbana, l'enfant d'un esclave affranchi *intera micus*, né depuis l'affranchissement, était-il libre ou esclave?

Pour résoudre cette question, il faut se demander dans quel esprit a été rendue la loi Junia. Cette loi a simplement comblé une lacune de la législation romaine, en transformant en liberté légale et réelle, la liberté de tolérance et de fait dont jouissaient autrefois certains affranchis, grâce à la protection du préteur. Voilà quelle a été la raison d'être de la loi Junia, et il n'y en a point d'autre; notre loi n'a rien innové dans la matière : elle a purement et simplement consacré un état de choses qui existait depuis longtemps. Or, sous l'empire de la loi Junia, l'enfant dont nous nous occupons naissait libre; donc, il naissait également libre avant.

M. de Savigny (*Des personnes considérées comme sujets des rapports de droit*, t. II, ch. ii, p. 31) fait remarquer que les restrictions des droits des Latins juniens ne concernaient que leurs personnes, et que leurs enfants étaient juridiquement parlant des *Latins* ordinaires.

I. En résumé, les Latins juniens, à la différence des affranchis citoyens romains, n'avaient ni le *Connubium*, ni le droit de tester, ni le *Jus capiendi ex testamento*, ni le droit d'être nommés tuteurs par testament.

Notons en passant que les affranchis citoyens romains n'avaient pas le *Jus Honorum*. (Loi Visellia, rendue en 777 de Rome); que jamais ils n'eurent le *jus suffragii* si ce n'est dans les tribus rustiques, *rusticis tribubus* (Tite Live, XL, V, 25) et qu'enfin c'est la loi Julia, rendue sous Auguste, qui leur accorda le *Counubium*.

A la différence des Perégrins, les Latins juniens avaient le *Commercium*.

Enfin, et c'était là leur droit le plus précieux, ils pouvaient assez aisément compléter leur situation juridique, et devenir citoyens romains.

CHAPITRE VIII

La règle générale, en cette matière, est que le Latin Junien, libre en fait et en droit pendant sa vie, est assimilé à un esclave au moment de sa mort, et perd tous les droits qui lui avaient été concédés, viagèrement pour ainsi dire. — Examinons comment avait lieu cette assimilation.

Nous savons que le Latin Junien avait le *Commercium* : par une conséquence très logique, il eût dû avoir en même temps et la faction du testament active, c'est-à-dire le droit de disposer de ses biens suivant son bon plaisir, et la faction de testament passive, c'est-à-dire le droit d'être institué héritier. Mais la loi Junia lui enlève absolument le premier de ces deux droits, la faction de testament active, et, si elle lui concède le second, la faction de testament passive, c'est en détruisant presque complétement par un détour indirect le bénéfice qu'il eût pu en retirer; nous savons en effet que le dernier soupir enlève au Latin Junien et la vie et la liberté : « *In ipso ultimo spiritu, simul animam atque libertatem amittebant* ». (Inst., 3, 7, 4.)

Avant la loi Junia, quand l'affranchissement avait lieu par un mode non solennel, ou que le propriétaire n'avait pas sur son esclave le *dominium ex jure Quiritium*, il n'y avait point d'affranchissement légal et l'esclave ne vivait en liberté que grâce à la protection du préteur. Bien évidemment alors, tout ce que l'esclave acquérait pendant sa vie, était au moment de sa mort recueilli par son maître. Quand la loi Junia Norbana vint régulariser la situation de l'esclave *in libertate*, elle n'osa point cependant dépouiller le maître de ce droit si avantageux, de recueillir à la mort de l'affranchi tous les biens de ce dernier, *jure peculii*. Les choses restèrent donc en l'état, et par une conséquence logique, il fut défendu au Latin Junien de faire un testament. Ainsi donc le Latin Junien ne laisse pas d'héritier et n'en peut pas laisser; il ne laisse pas davantage de succession, au sens juridique du mot; tous les biens qu'il a acquis pendant sa vie, de quelque manière que ce soit, sont la propriété du patron qui les reprend à sa mort, tout comme il reprendrait à un esclave ordinaire les biens qu'il lui aurait confiés : « *Legis Juniæ lator necessarium existimavit, ne beneficium istis datum in injuriam patronorum converteretur, cavere ut bona defunctorum proinde ad manumissores pertinerent, ac si lex lata non esset : itaque jure quodammodo peculii bona Latinorum ad manumissores eorum pertinerent ».* (Gaius, Comm., III, § 56.)

Au contraire, lorsqu'un patron recueillait les biens de son ancien esclave devenu citoyen Romain par suite de son affranchissement, il les recueillait non pas *jure peculii,* mais *jure successionis.*

A propos de la faction de testament, notons ici une différence entre le Latin Junien et le Latin Coloniaire : ce dernier avait le droit de disposer de ses biens par testament.

Nous venons d'exposer les droits du patron sur les biens de son affranchi devenu Latin; cette prérogative était si absolue que, même *vivente adhuc Latino,* même pendant la vie de l'affranchi, le patron pouvait disposer par avance de ces biens; c'est ce qui resssort jusqu'à l'évidence d'un passage formel de Pline le Jeune : « *Valerius Paulinus, excepto uno, jus Latinorum suorum mihi reliquit.* » (Pline le Jeune, l. X, l. 105.)

— Le principe que nous avons mentionné plus haut : que le patron de l'affranchi Latin Junien reprend ses biens *jure peculii,* tandis qu'il reprend *jure successionis* les biens de l'affranchi devenu citoyen Romain, engendre de très nombreuses différences entre la succession du Latin Junien et celle de l'affranchi citoyen Romain.

Ainsi, l'hérédité de l'affranchi citoyen Romain n'était jamais dévolue aux héritiers externes du patron ; elle ne pouvait être recueillie que par ses petits-enfants, par les mâles, alors même qu'ils avaient été exhérédés. Au contraire, les héritiers externes du patron recueillaient la succession de l'affranchi Latin de la même manière qu'ils auraient recueilli le pécule d'un esclave, tandis que les enfants du patron ne pouvaient prétendre à cette succession s'ils avaient été exhérédés (Gaius Comm., III, § 58).

La succession de l'affranchi devenu citoyen Romain se partageait également entre ses différents maîtres, même dans le cas où les parts de propriété de ces derniers auraient été inégales ; au contraire, les patrons de l'affranchi Latin Junien se partageaient entre eux sa succession, proportionnellement à la part de propriété que chacun d'eux avait eue sur lui (Gaius, Comm., III, § 59).

Ces différences n'étaient pas les seules, et nous en indiquerons quelques autres : par exemple, si l'un des patrons de l'affranchi citoyen Romain vient à mourir, laissant un fils, ce fils sera exclu de la succession par le patron survivant ; en appliquant la même hypothèse au cas où l'affranchi est Latin Junien, nous arrivons à une conclusion diamétralement opposée : les biens de l'affranchi Latin Junien se partageront en effet entre le patron survivant et l'héritier du patron décédé (Gaius Comm., III, § 60).

— Si les patrons de l'affranchi citoyen Romain sont morts en laissant un nombre inégal d'héritiers, le partage de la succession aura lieu par têtes ; au contraire, dans la même hypothèse, le partage des biens de l'affranchi Latin Junien se fera par souches. (Gaius, Comm., III, § 61.)

Si l'un des patrons de l'affranchi citoyen Romain renonce à la succession ou meurt avant d'avoir fait adition d'hérédité, sa part accroît à ses cohéritiers ; dans la même hypothèse, la part du renonçant à la succession du Latin Junien devient caduque et fait retour à l'Etat (Gaius, Comm., III, § 62).

Ces différences, on le comprend, proviennent toutes de la même cause, elles ne sont que la conséquence de ce principe : Le patron recueille les biens de son affranchi citoyen Romain *jure successionis*, tandis qu'il recueille les biens de son affranchi Latin Junien *jure peculii*.

Un Sénatus-Consulte *Largien*, rendu sous le règne de Claude en 52 de l'ère chrétienne, modifia cette législation, en décidant que les enfants exhérédés d'un patron recueilleraient quand même l'hérédité d'un Latin Junien « *uti quisque proximus esset* ». Toutefois ils ne jouiront pas de ce droit s'ils ont été exhérédés nominativement.

Pégasus a prétendu qu'à partir de ce Sénatus-Consulte Largien, il y a eu assimilation complète entre l'affranchi Latin Junien et l'affranchi citoyen Romain, en ce qui concerne la dévolution des biens. Gaius proteste très nettement contre cette erreur et dit au contraire qu'en dehors du cas spécial visé par le Sénatus-Consulte Largien, toutes les différences que nous avons mentionnées plus haut continuent à subsister. (Gaius, Comm. III, § 65 et suiv.)

CHAPITRE IX

COMMENT LES LATINS JUNIENS DEVIENNENT CITOYENS ROMAINS

SECTION PREMIÈRE

CONSIDÉRATIONS GÉNÉRALES

La condition juridique du Latin Junien, que nous avons étudiée dans un précédent chapitre, était meilleure que celle du Pérégrin, inférieure à celle du citoyen Romain et même à celle du Latin Coloniaire; mais cette condition juridique était très facilement susceptible d'amélioration, et Ulpien nous apprend que le Latin Junien pouvait acquérir le bénéfice de la cité et le titre de citoyen Romain de huit manières. Ce chiffre seul, d'ailleurs assez élevé, est suffisant pour indiquer que la loi était favorable à l'acquisition du droit de cité, et que la Latinité d'un affranchi n'était le plus souvent qu'un état temporaire et transitoire.

Avant d'étudier avec les développements qu'elle

comporte cette importante matière, nous ferons remarquer la corrélation intime qui existe entre la cause de l'acquisition du droit de cité par un esclave et la cause de sa Latinité.

La Latinité a sa cause dans deux principes ; l'acquisition de la cité Romaine repose également sur deux principes correspondants. Ainsi, le vice de la propriété du maître ou le vice du mode d'affranchissement rend l'esclave Latin ; si ce vice est purgé, le Latin devient citoyen Romain.

Encore, l'âge de l'esclave, et par suite le peu d'importance des services qu'il a pu rendre à son maître l'empêchent de devenir Citoyen ; s'il rend par la suite des services importants à l'Etat, il est très équitable que le droit de cité en soit la consécration et la récompense.

SECTION II

BENEFICIUM PRINCIPALE

Ulpien place le *Beneficium principale* au premier rang des modes par lesquels un Latin Junien peut devenir citoyen. Ces mots signifient littéralement *bénéfice princier* ; c'est l'Empereur, qui au nom de sa souveraineté, accorde le titre de citoyen et les prérogatives qui y sont attachées, à un affranchi qu'il veut récompenser; en général l'Empereur accordait le *beneficium principale* aux militaires qui étaient restés un certain laps de temps dans les armées. Nous connaissons exactement les effets du *Beneficium principale*, par un rescrit de Vespasien, délivré à des militaires : « *Ipsis liberis, posterisque eorum Vespasianus dedit et connubium cum uxoribus quas tunc habuissent quum est civitas eis data, aut si qui cœlibes essent cum iis quas postea duxissent.* » Le *Beneficium principale* ne porte pas atteinte aux droits du patron; et une constitution de Trajan décide que si le *Beneficium principale* a été accordé à l'insu du patron ou contre sa volonté « *ignorante vel invito patrono* », ce dernier conservera tous ses droits à la succession de l'affranchi et qu'il la recueillera *jure peculii*. Ainsi donc nous trouvons ici un cas où un citoyen Romain n'a pas la faction de testament active. Toutefois Gaius nous dit (Comm. III, § 72) que l'affranchi pouvait dans notre espèce faire son testament à la condition d'instituer son patron héritier.

Un Sénatus-Consulte rendu sous Hadrien modifia cette législation en permettant à l'affranchi d'acquérir la faction de testament, soit par la *causæ probatio*, soit par *l'erroris causæ probatio* (Gaius, Comm. III, § 73).

SECTION III

CAUSÆ PROBATIO

Ulpien nous cite en second lieu, comme mode d'acquérir la cité Romaine, le mode *Liberis*; il comprend sous cette expression unique la *causæ probatio* et l'*erroris causæ probatio*, que nous allons étudier successivement.

La *causæ probatio* est une procédure d'un genre tout particulier, au moyen de laquelle un Latin acquérait pour lui, pour son enfant et même pour sa femme, le droit de cité. Certaines conditions étaient nécessairement exigées. Ce mode était employé quand un Latin Junien avait épousé soit une Romaine, soit une Latine Junienne, soit une Latine Coloniaire. Trois conditions étaient exigées : 1° Le mariage devait avoir eu lieu en présence de sept témoins citoyens Romains et majeurs. 2° La procréation des enfants devait être le but de cette union « *liberorum quærendorum causâ* ». M. Accarias pense que ces expressions veulent dire que le mariage devait être contracté entre personnes capables, ou tout au moins présumées capables, d'avoir des enfants ensemble. Ainsi, on ne saurait prendre sérieusement en considération le mariage d'un sexagénaire avec une quinquagénaire. 3° Le père doit présenter au magistrat, un petit enfant âgé d'un an « *anniculus* » issu de son mariage. Si ces trois conditions étaient remplies, le Latin acquérait le droit de cité Romaine, ainsi que son enfant et sa femme, si ces derniers ne l'avaient pas déjà. Nous avons dit, en effet, dans un des chapitres précédents, qu'un Sénatus-Consulte rendu sous le règne d'Hadrien décide que l'enfant né d'un Latin et d'une Romaine était Romain, c'est-à-dire suivait la condition de sa mère (Gaius, Comm. I, § 30).

Le mot *anniculus* s'entend pour désigner un enfant qui a trois cent soixante-cinq jours d'existence, et non point un enfant qui vient de naître; le calcul se faisait, non pas d'heure à heure, *de momento ad momentum*, mais de jour à jour, *de die ad diem.* L'enfant était âgé d'un an, *anniculus*, quand le trois cent soixante-cinquième jour anniversaire de sa naissance était commencé; ce jour comptait alors pour un jour plein et entier « *Sexagesimo trecentesimo incipiente plane, non exacto die.* » (Paul. frag. 134, *Dig. de Verborum significatione, ad legem Juliam et Pappiam*). Si un Latin Junien, père d'un enfant âgé de moins d'un an, venait à mourir, sa femme pouvait invoquer la *causæ probatio* pour devenir citoyenne Romaine, « *sic et ipsa fiet civis Romana* » (Gaius, Comm., I, § 32).

Mais, une Latine Junienne, qui avait épousé un citoyen Romain, pouvait-elle invoquer, elle aussi, la *causæ probatio*? La négative est probable, et l'on peut se fonder, pour lui refuser ce droit, sur le silence de Gaius et des autres commentateurs. Bien plus, si l'on raisonne *a contrario*, il semble résulter d'un texte de Gaius (Comm., I, § 69 et 70) que ce droit ne lui appartenait certainement pas. Dans ces deux paragraphes, Gaius traite de l'*erroris causæ probatio*, et il accorde ce bénéfice au citoyen Romain qui, par erreur, a épousé une Latine; de plus, il accorde encore ce même bénéfice à une Latine qui, par erreur, a épousé un Pérégrin. D'autre part, dans le paragraphe 66, où il traite de la *causæ probatio*, il n'examine nullement l'hypothèse où une Latine a contracté mariage avec un citoyen Romain. On peut donc conclure du rapprochement de ces deux textes, également formels, qu'une Latine qui a épousé un citoyen Romain ne peut pas invoquer, pour acquérir le droit de cité, le bénéfice de la *causæ probatio*. Nous allons étudier maintenant les effets que produit la *causæ probatio*.

Nous avons déjà dit que le Latin acquérait pour lui le droit de cité, et que même, dans certains cas, ce bénéfice s'étendait à sa femme et à son enfant. (Gaius, Comm., I, § 29, 30, 31 et 32.) Le mariage du Latin devient un véritable mariage

civil « *justæ nuptiæ* » et par suite le Latin, devenu Citoyen, acquiert la puissance paternelle
« *patria potestas* » sur les enfants à naître de son
union désormais transformée en justes noces. Ces
divers résultats ne sont que la conséquence des
principes généraux du droit romain. Mais, on a pu
se demander si le père, devenu Citoyen, avait
également la puissance paternelle sur les enfants
nés avant l'époque où la *causæ probatio* lui avait
donné la qualité de Citoyen. La raison de douter
venait d'abord du silence des textes; ensuite, on
pouvait tirer un argument *a contrario* d'un
passage d'Ulpien (Titre VII, § 4, frag.) où il est
dit que le père de famille n'acquiert la puissance
paternelle sur ses enfants déjà nés que dans le
cas de l'*erroris causæ probatio*. La question dont
nous nous occupons est aujourd'hui définitivement
résolue dans le sens de l'affirmative, depuis la
découverte d'un manuscrit de Gaius. Il est certain que par le bénéfice de la *causæ probatio* le
père acquérait la puissance paternelle sur ses enfants déjà nés : « *Simul ergó eum in potestate suâ
habere incipit* » (Gaius, Comm. I, § 66). Le manuscrit de Gaius est encore venu éclaircir une
question qui fut longtemps incertaine : on admettait généralement que le bénéfice de la *causæ
probatio* avait été introduit par la loi Junia Norbana, et l'on se fondait pour soutenir cette opinion

sur le paragraphe 3 des fragments d'Ulpien, titre III. Le doute n'est plus permis aujourd'hui en présence du texte formel de Gaius qui nous apprend que c'est la loi Ælia Sentia qui, la première, a introduit ce bénéfice, en faveur des esclaves affranchis et devenus Latins Juniens parce qu'ils étaient mineurs de trente ans (Gaius, Comm. I, § 31). Plus tard, le Sénatus-Consulte Pégasien étendit ce bénéfice à tous les Latins : « *Hoc tamen jus adipiscendæ civitatis romanæ, etiamsi soli minores triginta annorum, et Latini facti ex lege Sentia habuerunt, tamen postea ex Senatus-Consulto quod Pegaso et Pusione consulibus factum etiamsi majoribus triginta annorum manumissis Latinis factis concessum est* (Gaïus, Comm. I. § 31). Ce texte, évidemment contraire au texte d'Ulpien, est assurémment un texte véridique, tandis qu'une erreur de copiste a dû se glisser dans celui d'Ulpien, car, ce même jurisconsulte reconnaît dans un autre de ses passages que c'est bien la loi Ælia Sentia qui a créé le bénéfice de la *causæ probatio* (frag. § 4, titre VII). M. de Vangerow (*Ueber die Latini Juris ani*, § 32, note 2) compare la *causæ probatio* à l'usucapion : « De même, dit-il, qu'une possession de plus d'une année convertit ln propriété bonitaire en propriété quiritaire, de même, l'affranchi, au moyen de l'*anniculus* acquiert sur lui-même, à la place de l'*in bonis*, le *jus Quiritium*. »

Remarquons en terminant que le but du législateur, en créant le bénéfice de la *causæ probatio*, a été analogue au but que se sont proposé les lois *Julia* et *Pappia Poppea* : encourager au mariage et à la procréation des enfants.

SECTION IV

ERRORIS CAUSÆ PROBATIO

Le bénéfice de l'*Erroris causæ probatio*, qui permet à un Latin Junien de devenir citoyen Romain, est basé sur les mêmes principes que la *Causæ probatio*, et les motifs qui ont décidé le législateur à créer ces deux bénéfices sont analogues; toutefois l'*Erroris causæ probatio* est d'une application plus générale que la *Causæ probatio* et ne constitue pas un privilège applicable aux seuls Latins Juniens. Ainsi qué l'indique son nom même, ce bénéfice implique l'idée d'une erreur; on pourra l'invoquer dans les hypothèses suivantes: une affranchie Latine a épousé un Pérégrin, le croyant Latin; un affranchi Latin Junien a épousé une Pérégrine, la croyant Latine, et il l'a épousée *ex lege Sentia, quærendorum liberorum causa*; un affranchi Latin a épousé une Pérégrine ou une Latine, la croyant citoyenne Romaine. Dans tous ces cas, le Latin ou la Latine peuvent justifier leur erreur, et acquérir le droit de cité, en présentant un enfant né de leur union. Bien plus, le père acquérait dans ce cas la puissance paternelle (Gaius, Comm. I, § 69 et 70). On voit par ce qui précède qu'il existait une grande analogie entre l'*Erroris causæ probatio* et la *Causæ probatio*.

Pourtant, signalons ici une différence essentielle entre ces deux bénéfices : le Latin Junien, pour invoquer efficacement la *Causæ probatio*, devait présenter au magistrat son enfant âgé d'un an ; pour invoquer l'*Erroris causæ probatio*, il suffisait que l'enfant fût né. C'est bien là le sens qu'il convient de donner au paragraphe 73 du Commentaire I de Gaius, qui malheureusement contient de regrettables lacunes ; Gaius, en effet, dans plusieurs autres textes où il parle de l'*Erroris causæ probatio*, — et notamment dans ceux où il indique les conditions requises pour l'invoquer avec succès — nous parle toujours d'un enfant né, mais jamais il ne mentionne, au nombre des conditions qu'il énumère, un âge déterminé (Gaius, Comm. I, § 67, 68, 69, 70, 70). Citons encore dans le même sens un texte d'Ulpien (I. VII, § 4).

Les cas que nous venons d'examiner ne sont pas les seuls qui permettaient d'invoquer l'*Erroris causæ probatio* : nous allons en citer d'autres, notamment le cas où un citoyen Romain épouse une Pérégrine ou une Latine la croyant citoyenne Romaine. Bien certainement, le mariage est nul, d'après le droit civil, puisque le *connubium* n'existe pas entre les deux époux; l'enfant suit alors la condition de la mère, et le père n'a pas sur lui la puissance paternelle. Au moyen de l'*Erroris causæ probatio*, l'enfant et la mère deviennent citoyens Romains et le père acquiert la puissance paternelle. Le résultat serait à peu près le même si un citoyen avait épousé une Déditice ; seulement cette dernière ne peut acquérir le droit de cité : l'enfant seul devient Romain et comme précédemment le père acquiert sur lui la puissance paternelle (Gaius, Comm. I, § 67).

Le bénéfice de l'*Erroris causæ probatio* peut encore être invoqué par une citoyenne Romaine qui a épousé un Pérégrin, le croyant Latin ou citoyen Romain; comme dans le cas précédent, si le mari de la citoyenne Romaine est un Déditice, il n'acquiert ni le droit de cité ni la puissance paternelle, et l'enfant seul devient citoyen Romain (Gaius, Comm. I, § 68).

Enfin Gaius cite encore un cas où l'*Erroris causæ probatio* peut produire son effet : c'est quand un citoyen Romain, se croyant faussement Latin ou même Pérégrin, épouse une Latine ou une Pérégrine (Gaius, Comm. I, § 71). Ces deux dernières hypothèses présentées par Gaius mettent en lumière une différence très saillante entre la *Causæ probatio* et l'*Erroris causæ probatio*. Nous voyons en effet, que par l'effet de ce dernier bénéfice, un Pérégrin pouvait arriver à la cité Romaine, tandis que nous savons que les seuls Latins pouvaient invoquer la *Causæ probatio*.

Nous avons mentionné successivement tous les cas prévus par le Commentaire de Gaius, et à ce propos une question se présente, qui est assez vivement controversée : on s'est demandé si l'énumération des cas d'*Erroris causæ probatio* faite par Gaius était limitative, et s'il ne pouvait point en exister d'autres que Gaius aurait omis ? Par exemple, nous venons de dire que l'erreur du citoyen Romain, qui se croyait à tort Latin ou Pérégrin, pouvait donner lieu à la procédure de l'*Erroris causæ probatio*. La même règle est-elle applicable au cas où une Latine se croit faussement Pérégrine, au cas une citoyenne Romaine se croit Latine ou Pérégrine ; et pour en revenir aux termes de la question : l'énumération de Gaius est-elle limitative ou simplement énonciative ?

Deux systèmes peuvent être présentés :

Premier système. — L'énumération de Gaius n'est pas limitative. En effet, Gaius, dans son texte, nous présente les cas qu'il passe en revue, comme de simples exemples, et comme

des applications particulières d'un principe général ; et ce qui confirme encore l'exactitude de
cette opinion, c'est qu'Ulpien, dans les textes où
il traite de l'*Erroris causæ probatio*, ne reproduit
que quelques-uns des cas cités par Gaius.

Deuxième système. — Bien que le système
précédent ait été admis par la plupart des romanistes les plus autorisés, nous croyons qu'il faut
considérer l'énumération de Gaius comme limitative, et qu'on ne peut admettre aucun autre cas
d'*Erroris causæ probatio* en dehors de ceux qu'il
a mentionnés. Et le meilleur argument que nous
puissions apporter à l'appui de notre système,
c'est le texte même de Gaius qui est formel :

« ... *et ideo superius retulimus, quibusdam
casibus per errorem non justo contracto matrimo-
nio, Senatum intervenire et emendare vitium ma-
trimonii eoque modo plerumque efficere ut in potes-
tatem patris filius religatur.* » (Gaius, Comm. I,
§ 87.) Il résulte très clairement de ce paragraphe que
l'*Erroris causæ probatio* ne pouvait être admise
que dans certains cas déterminés. Or, quels sont
ces cas, sinon ceux précisément que Gaius cite en
détail, mais ceux-là seuls ?

En terminant cet exposé de l'*Erroris causæ
probatio*, nous ferons une remarque analogue à
celle que nous avons déjà faite en parlant de la

Causæ probatio. Nous ne connaissons bien ce bénéfice, son rôle et son mécanisme en droit romain, que depuis la découverte du manuscrit de Gaius.

On a longtemps cru que l'*Erroris causæ probatio* avait été introduite à Rome par une disposition de la loi Ælia Sentia, mais nous savons aujourd'hui que c'est un Sénatus-Consulte qui l'a établie. Les anciens commentateurs se fondaient sur un texte d'Ulpien (Fragm., titre VII, § 4) pour attribuer à la loi Ælia Sentia l'origine de l'*Erroris causæ probatio*. Nous avons déjà eu l'occasion de dire que le texte d'Ulpien a subi très certainement des altérations regrettables ; et dans la question présente nous sommes d'autant plus portés à croire que nous nous trouvons en présence d'un texte falsifié, que nous connaissons davantage la sincérité ét la régularité des fragments de Gaius qui se sont conservés jusqu'à notre époque ; et Gaius dit très formellement que l'*Erroris causæ probatio* a été introduite par un Sénatus-Consulte (Gaius, Comm. I, § 87 et suiv.). Cette affirmation doit évidemment rendre le doute impossible. Quoi qu'il en soit, nous ignorons la date de ce Sénatus-Consulte, que les auteurs s'accordent à placer après celle de la loi Ælia Sentia, mais avant le règne d'Hadrien.

SECTION V

ITERATIO

Nous avons déjà expliqué qu'il fallait rechercher les causes de la Latinité d'un esclave affranchi, dans trois ordres d'idées différents : ou bien l'esclave a été affranchi par un mode non solennel, et cette absence des formalités requises par le droit civil, empêche l'affranchi d'arriver à la cité; ou bien, le maître qui affranchit son esclave n'a pas sur lui le *dominium ex jure Quiritium*, et cette imperfection de la propriété empêche le maître de transférer à l'esclave qu'il affranchit le droit de Cité; ou bien enfin l'esclave, à raison de son âge, n'a pu rendre à son patron des services assez importants pour légitimer en quelque sorte son affranchissement, et le législateur n'a pas voulu alors que le titre de citoyen Romain fût prodigué sans raison à de jeunes affranchis. L'*Iteratio*, que les textes rangent au nombre des modes usités pour concéder le droit de cité à ceux qui en sont privés, est un moyen de corriger les imperfections de l'affranchissement, et de supprimer les causes qui ont empêché l'affranchi de devenir Citoyen. On

conçoit dès lors que ce mode ne peut logiquement
s'appliquer que dans les deux premiers ordres
d'idées que nous venons de signaler; il est bien
évident, en effet, qu'un affranchissement non solennel peut produire tous les effets d'un affranchissement solennel, si des formalités complémen-
taires sont employées; qu'un maître peut acquérir
le *dominium ex jure Quiritium* sur un esclave
quand il le possède seulement au titre de propriétaire bonitaire; qu'au contraire, aucune procédure
ne peut utilement intervenir pour faire admettre
qu'un affranchi âgé de vingt-trois ans soit, par
une fiction légale, âgé de trente ans révolus!

L'époque exacte à laquelle l'*Iteratio* fut introduite nous est inconnue, mais il est probable qu'elle
prit naissance au temps où les affranchissements
inter amicos se multiplièrent : ce temps coïncide
à peu près avec celui où s'établit la distinction
de la propriété en propriété bonitaire et en propriété quiritaire.

Nous allons étudier successivement dans trois
paragraphes les deux cas dans lesquels s'applique
l'*Iteratio*, ainsi que le cas spécial où l'esclave,
mineur de trente ans, a été affranchi.

A. Nous avons déjà eu occasion de parler de la
distinction de la propriété en propriété quiritaire
et en propriété bonitaire; ces deux espèces de

propriété ne donnaient pas les mêmes droits. Le maître qui était propriétaire de son esclave *ex jure Quiritium*, avait sur lui une propriété absolue et complète ; il pouvait en disposer comme il l'entendait, suivant son bon plaisir. Au contraire, le patron qui possédait l'esclave seulement en qualité de propriétaire bonitaire, n'avait qu'un pouvoir de disposition incomplet, et ne pouvait disposer civilement de son esclave. C'est par une conséquence de ces règles que l'esclave affranchi devenait Latin Junien quand son maître le possédait seulement *in bonis*. Cette solution est bien conforme aux principes romains, car un propriétaire ne peut évidemment renoncer qu'à sa propriété ; nul ne peut donner au-delà de ce qu'il possède : or, le patron bonitaire n'a sur l'esclave qu'une propriété incomplète dont il peut certainement se dépouiller à son gré, mais à la condition de respecter le *nudum jus ex Quiritium* qui subsiste toujours entre les mains de celui auquel il était primitivement acquis. Mais si à son tour, ce *nudus dominus ex jure Quiritium* renonce aux droits qu'il possède sur un affranchi, s'il se dépouille de sa nue propriété par un affranchissement solennel, nous arrivons à ce résultat que l'esclave affranchi est libre de tout lien, que personne ne peut prétendre à un droit quelconque sur lui, et que par conséquent il devient citoyen

Romain, puisque d'une part, il est libre en fait et en droit, que d'autre part l'acte qui lui a concédé la liberté est un affranchissement solennel. C'est ce second affranchissement fait par le *nudus dominus ex jure Quiritium* qu'on appelle *Iteratio*.

Cette théorie, évidemment très simple et très facile à saisir, puisqu'elle découle uniquement des principes les plus élémentaires et les plus certains du droit romain, n'a pourtant pas été admise par certains romanistes, malgré la grande autorité de M. de Vangerow. Nous allons passer en revue les arguments invoqués par les partisans de l'opinion contraire, notamment par MM. Bethmann-Holwey et Zimmern. Ces jurisconsultes, se fondant sur certains textes de Gaius (Comm. I, § 73 : Comm. II. § 143 : Comm. III, § 73) posent le principe suivant : L'*Iteratio* constitue un droit purement personnel du *manumissor* qui a fait de son esclave un Latin Junien : en effet, le *manumissor* seul ayant commis un oubli, seul il doit le réparer.

Par une conséquence naturelle de ce principe, on soutient que, si au moment de l'affranchissement, l'esclave était possédé bonitairement par son patron, alors que le *nudum jus ex jure Quiritium* appartenait à une autre personne, ce *dominus ex jure Quiritium* est impuissant à faire l'*Iteratio*. On soutient encore dans cette même hypothèse que si plus tard, le *nudus dominus ex jure Quiritium* cède son droit à l'affranchissant, ancien propriétaire bonitaire, ce dernier sera impuissant à faire l'*Iteratio*, parce que au moment où il a affranchi son esclave, il n'avait pas sur lui le *dominium ex jure Quiritium*.

A l'appui de ces propositions on cite deux arguments : 1° Si l'*Iteratio* pouvait être faite par le *nudus dominus ex jure Quiritium* sans le concours et sans le consentement du *manumissor*, ancien propriétaire bonitaire, on arriverait à ce résultat que les droits du premier affranchissant seraient considérablement restreints, puisque le Latin Junien, devenu citoyen Romain, pourrait faire un testament et exclure de sa succession le maître bonitaire qui l'a affranchi ; qu'enfin, devenu citoyen, le patron et sa famille seraient exclus par les descendants agnats de l'affranchi, s'il mourait intestat.

2° Le second argument repose sur un texte d'Ulpien, disant que le *manumissor* qui acquiert après l'affranchissement le *jus Quiritium* sur un Latin, ne peut faire l'*Iteratio* en sa faveur : «*Iteratione fit civis Romanus, qui, post Latinitatem quam acceperat major triginta annorum, iterum juste manumissus est ab eo cujus ex jure Quiritium fuit.* » (Ulpien III, § 4.) On tire ici un argument *a contrario* du mot *fuit*, et l'on en conclut que l' *Iteratio* ne peut avoir lieu qu'à la condition formelle que l'esclave était possédé par son patron *ex jure Quiritium*, à l'époque de son premier affranchissement.

M. de Vangerow a réfuté toute cette théorie et clairement prouvé que l'*Iteratio* était fondée sur la survivance du *jus Quiritium*. En résumé, un esclave affranchi par un propriétaire bonitaire, et qui par conséquent devient Latin Junien, pourra devenir citoyen Romain, si postérieurement la personne qui avait sur lui le *dominium ex jure Quiritium*, vient à l'affranchir de nouveau par un mode solennel ; en d'autres termes le second affranchissement, et par suite l'*Iteratio*, ne peuvent être faits que par un seul propriétaire Quiritaire : c'est d'ailleurs l'hypothèse citée par Gaius : « *Inde si ancilla ex jure Quiritium tua sit, in bonis mea, a me quidem solo, non etiam a te manumissa, Latina fieri potest.* » Enfin, M. de Vangerow invoque encore à l'appui de son opinion le texte suivant : « *Si alius eum Latinum fecerit, alius iteraverit, an utriusque liberorum tutelam suscipiat videndum, quasi utriusque meritum habeat. Nisi forte exemplo numerum, ut divus Marcus rescripsit, apud originem ejus qui Latinum fecit debere eum fungi, alius ejus liberorum tutelam suscepturum dicemus.* » (Fragmenta Vaticana, § 221.)

B. Nous avons dit en commençant ce travail, que l'idée anti-naturelle de l'esclavage était tempérée par cette autre idée plus humanitaire que la liberté était pour ainsi dire d'ordre naturel et qu'un esclave pouvait toujours devenir libre par un affranchissement. Mais, dans les premiers siècles de Rome, il était important de ne point accorder étourdiment le droit de cité à une foule d'esclaves qui peut-être en auraient abusé ; aussi le droit primitif exigeait-il que la cité Romaine fût consultée sur le point de savoir si la liberté et le titre de Citoyen pouvaient être accordés sans inconvénient à tel ou tel esclave. Plus tard, cette impossibilité matérielle de consulter directement le peuple donna naissance aux modes solennels d'affranchissement, et nous avons déjà montré que dans l'affranchissement par le cens, la vindicte et le testament, la cité était représentée par des mandataires autorisés.

Lors donc que la cité n'avait point été représentée, ce qui avait lieu dans le cas où un esclave avait été affranchi par un mode non solennel, ce dernier devenait Latin Junien : le maître, en employant un mode que la loi civile ne reconnaissait pas, manifestait, en quelque sorte, sa volonté réfléchie de conserver sur son esclave le *nudum dominium ex jure Quiritium.*

Mais si, par la suite, le maître se dépouillait solennellement, au moyen d'un affranchissement régulier, de ce dernier droit sur son esclave, celui-ci devenait citoyen Romain, car alors le but de la loi était rempli, et la cité avait participé à l'affranchissement. Dans ces circonstances, ce nouvel affranchissement constituait un second cas d'*Iteratio* et rendait le Latin citoyen Romain.

C. Nous avons dit au commencement de cette section que, logiquement, l'*Iteratio* ne pouvait pas s'appliquer au cas où l'esclave était devenu Latin, parce qu'il était mineur de trente ans au moment de son affranchissement.

Cela est d'évidence, et M. de Vangerow cite à l'appui de cette opinion le texte suivant de Dosithée : « *Is autem qui manumittitur inter amicos, quotcumque sit annorum, Latinus fit, et solum ei hoc prodest libertas, ut postea iterum possit ex vindicta vel testamento manumitti et civis Romanus fieri.* » (Dosithée, p. 16.) M. Demangeat (Cours élémentaire de droit romain, t. I, § 191), pense que l'esclave devenu Latin Junien parce qu'il était mineur de trente ans lors de son affranchissement, peut néanmoins acquérir le droit de cité par l'*Iteratio*, à la condition qu'il ait trente ans révolus ou que la cause de son affranchissement soit approuvée par le conseil lorsqu'intervient l'*Iteratio*. Cette opinion du savant professeur est à notre avis d'autant plus admissible qu'elle n'est en rien contraire au principe que nous avons posé. S'il n'en était pas ainsi, on serait amené à cette conséquence, tout au moins singulière, que l'*Iteratio* ne pourrait jamais profiter à un affranchi devenu Latin Junien par la seule raison qu'il aurait été affranchi avant d'avoir accompli sa trentième année !

SECTION VI

MILITIA — NAVIS — ÆDIFICIUM — PISTRINUM
TRIPLEX ENIXUS

Nous avons traité avec les développements qu'ils comportent les quatre modes d'acquisition de la cité Romaine : *Beneficium principale — Causæ probatio — Erroris causæ probatio — Iteratio.* Nous en trouvons encore cinq dans les textes. Ces cinq derniers modes sont beaucoup moins importants que les premiers, et nous nous contenterons de les passer rapidement en revue.

I. *Militia* — Un Latin devenait citoyen Romain quand il avait servi pendant six ans dans la garde de Rome « *inter vigiles Romæ* ». Ce mode fut établi par la loi Visellia. —Pothier (Pandectes de Justinien, § 303, notes 4 et 5) dit que ces *Vigiles* étaient les gardes de nuit de la cité, et que Strabon et Dion Cassius nous ont appris que cette troupe était composée d'affranchis. Pothier croit que la loi Visellia fut rendue sous Tibère en l'an de Rome 776, Visellius étant consul. Mommsen (Bekher Iahrbuc 1858, p. 336-340,) croit au contraire que cette loi date de l'année 683.

Ulpien (III, § 5) dit qu'un Sénatus-Consulte étendit cette faveur à tous les militaires qui avaient servi pendant trois ans : mais nous ne connaissons ni le nom ni la date de ce Sénatus-Consulte.

II. *Navis* — Le Latin devenait citoyen Romain après avoir fait construire un navire d'une capacité de dix mille mesures au moins, et transporté du blé à Rome pendant six années. (Ulpien III, § 6. — Gaius, Comm. I, § 34.)

Un passage de Suétone nous apprend que ce mode a été constitué par l'empereur Claude.

III. *Ædificium* — Quand un Latin a employé une partie de sa fortune à faire construire une maison à Rome, il devient citoyen Romain (Ulpien III, § 1. — Gaius, Comm. I, § 33.) La maison était réputée bâtie dès qu'on pouvait en faire usage.

IV. *Pistrinum* — Le Latin qui avait fait construire un moulin ou une boulangerie devenait citoyen (Ulpien, III, § 1.). Nous ne connaissons d'ailleurs aucun autre détail sur ce mode d'acquisition de la cité romaine.

V. *Triplex enixus* — La femme latine qui avait trois enfants *Vulgo concepti* devenait citoyenne Romaine : « *Vulgo quæ sit ter enixa* » dit Ulpien (Frag. III, § 1) Il faut avouer que cette disposition était un encouragement tout au moins singulier à la prostitution ! aussi croyons-nous devoir adopter la correction de Schilling qui écrit *Virgo* au lieu de *Vulgo*. — La femme serait alors réputée *ter enixa* quand elle a mis au monde trois enfants jumeaux.

M. de Savigny croit que ce mode d'acquérir la cité pour les femmes a été introduit par le Sénatus-Consulte Volusien, et M. de Vangerow fait remarquer que les femmes avaient ainsi reçu une sorte de dédommagement, car nous savons qu'elles ne pouvaient pas invoquer la *Causæ probatio*.

CHAPITRE X

MODIFICATIONS APPORTÉES A LA CONDITION JURIDIQUE DES LATINS JUNIENS ANTÉRIEURE- MENT A LA LÉGISLATION DE JUSTINIEN

Après avoir successivement étudié les cas dans lesquels les affranchis deviennent Latins Juniens; leur condition juridique pendant leur vie, la dé- volution de leur patrimoine après leur mort, et les divers modes par lesquels ils pouvaient acquérir le droit de Cité, il ne nous reste plus qu'à exami- ner les modifications apportées dans cette matière par les prédécesseurs de Justinien et par Justinien lui-même, qui, on le sait, avait la manie des innovations.

— A l'époque de Constantin, nous trouvons un nouveau mode d'affranchissement : la *manu- missio in Sacrosanctis Ecclesiis* (constitutions de Constantin, l'une publiée en 316, l'autre en 321). — Cet affranchissement dans les églises était un mode solennel, destiné à remplacer l'ancien af- franchissement par le cens, depuis longtemps tombé en désuétude. Cet abandon de l'affranchissement *censu*, n'a rien d'étonnant si l'on songe que de Vespasien à Décius, c'est-à-dire pendant un intervalle d'environ deux cents ans, on ne fit pas un seul recensement : le dernier eut lieu sous Décius. Il était donc de toute impossibilité d'employer ce mode, et c'est ce qui nous explique l'innovation de Constantin. Nous n'avons pas dessein de nous appesantir sur les formalités exigées pour ce genre d'affranchissement. Notons seulement qu'il était solennel, et qu'il conférait la qualité de citoyen Romain, même à un esclave âgé de moins de trente ans.

Nous avons signalé, dans le cours de ce travail, plusieurs autres modes d'affranchissement non solennels, introduits successivement par les empereurs, notamment par l'empereur Claude, qui donne la liberté à l'esclave gravement malade que son maître a abandonné. Constantin déclara libre l'esclave qui dénonce le rapt d'une jeune fille ; dans ce cas l'affranchi devenait seulement Latin. Ce même prince décida encore que les enfants nés de l'union d'un esclave du fisc avec une femme ingénue, naîtraient Latins.

Quant aux changements survenus dans la condition juridique des Latins Juniens avant Justinien, nous n'en connaissons qu'un seul important introduit dans la législation romaine par une ordonnance de Constantin : « *Si is qui, dignitate romanæ civitatis amissâ, Latinus fuerit effectus, in eodem statu munere lucis excesserit, omne peculium ejus a patrono vel patroni filiis sive nepotibus ejus, qui nequaquam jus agnationis amiserint vindicetur* » (C. una, C. T. *De heredit. petit.* n. 22). M. de Vangerow accompagne ce texte d'un commentaire, dont nous nous bornons à donner ici la traduction littérale : « Le caractère fondamental de la succession à la fortune d'un affranchi Latin, considéré comme une réclamation de pécule faite par le patron, est précisément reconnu ici ; ce qui explique la décision du Sénatus-Consulte Largien, qui accorde la préférence au patron et à ses descendants. Il semble néanmoins qu'un changement soit survenu relativement aux descendants du patron qui peuvent exercer un droit de préférence à l'encontre des *heredes extranei*. Nous savons que les jurisconsultes romains faisaient passer tous les agnats dans cette catégorie, sans distinguer si le lien de l'agnation avait été rompu ou non, et par conséquent les émancipés. Mais Constantin se place à un autre point de vue et n'appelle pas à la succession tous les enfants nés agnats et les petits-enfants du patron, mais ceux-là seuls, *qui nequaquam jus agnationis amiserint* : il exclut par conséquent tous ceux dont le lien d'agnation a été rompu, tels que les émancipés. On ne peut nier que cette décision soit peu d'accord avec l'esprit de l'époque, si favorable à l'assimilation des agnats aux cognats. » (M. de Vangerow *Ueber die Latini Juniani*, § 37.)

CHAPITRE XI

Justinien, à la suggestion de Tribonien, a introduit trois réformes importantes dans la matière que nous venons d'étudier.

I. Justinien a, par une constitution, supprimé la classe des *affranchis deditices* (L. un., *C. De dedititiâ libertate tollendâ*, VII, 5) ; par une autre constitution, il a supprimé la classe des *affranchis Latins Juniens* (L. un., *De Latinâ libertate tollendâ*, VII, 6).

En résumé, dans le dernier état du droit, qui n'est en définitive, qu'un retour au droit primitif, tous les affranchis sont citoyens Romains. « Mais, dit justement M. Ortolan, quelle différence entre la valeur de ce titre à Constantinople et le prix qu'il avait jadis à Rome ! » (Explic. historique des Instit., t II, § 57.) Justinien justifie cette innovation en disant qu'elle ne fait que consacrer un usage déjà existant depuis de longues années, «*sed*

*deditiorum quidem pessima conditio jam ex mul-
tis temporibus in desuetudinem abiit, Latinum
vero nomen non frequentatur.* (Inst., l. I, t. V,
De Libertinis, § 3.)

Cette réforme est aisée à comprendre si l'on se
souvient que Justinien, en abolissant le *nudum
jus ex Quiritium,* avait par là même fait disparaître l'antique division de la propriété en propriété
bonitaire et propriété quiritaire; il avait ainsi supprimé une des causes de Latinité.

M. Accarias (*Précis de droit romain,* t. I, p. 118,
§ 66,) pense que dans le cas où l'esclave était âgé
de moins de trente ans, l'approbation du Conseil
n'était plus qu'une simple formalité qui n'était
jamais refusée quand le maître avait formellement
manifesté sa volonté d'affranchir un esclave.

Nous ne trouvons donc plus à l'époque des Institutes qu'un seul cas de Latinité : l'affranchissement non solennel. Justinien fait allusion à cette
classe spéciale d'affranchis en déclarant que ses
réformes ne sont applicables que dans l'avenir,
et ne changent rien aux rapports existant actuellement entre les affranchis Latins Juniens et leurs
patrons. (L. I, § 13. *De Lat. lib. toll.*)

II. Par une seconde réforme, Justinien supprime
la solennité de l'affranchissement; il ne faut pas
entendre par là que la seule volonté d'un maître,

clairement manifestée, est suffisante à donner la liberté à un esclave, en dehors de toute formalité. Loin de là ! l'Empereur choisit, au contraire, certains cas dans lesquels l'affranchi devenait Latin Junien, et il déclare que, toutes choses égales d'ailleurs, l'affranchi deviendra citoyen Romain. Mais il a bien soin de déclarer en même temps que, si le maître est libre d'adopter telle ou telle forme d'affranchissement — et il renvoie à ce sujet soit aux constitutions anciennes, soit aux siennes propres — l'affranchissement sera nul et l'esclave restera esclave, si le patron n'a pas employé un mode d'affranchissement précis et autorisé. (*Inst.*, l. I, t. V. *De Libertinis*, § 1. — C. I. *De Lat. libert. tollenda*, §7, 6). Ainsi donc, à l'époque de Justinien les antiques formes *vindicta* et *testamento* étaient encore en vigueur : nous avons signalé plus haut la constitution de Constantin qui remplace l'affranchissement *censu* par l'affranchissement *in Sacrosanctis Ecclesiis*.

Signalons, à propos de l'affranchissement *testamento*, une innovation de Justinien, qui n'est d'ailleurs que la conséquence de l'assimilation des legs et des fidéicommis, assimilation également décrétée par ce prince : sous la législation des Institutes, on pouvait non seulement affranchir par testament, en suivant les règles anciennes, mais encore, un patron, sans faire de testament proprement dit, pouvait donner la liberté à son esclave, directement, dans un codicille non confirmé, c'est-à-dire par un simple acte de dernière volonté. (*Inst.*, l. I, t. V. *De Libertinis*, § 1.)

Enfin, Justinien crée trois nouveaux modes d'affranchissement, qui ont cela de particulier qu'ils confèrent en même temps que la liberté et le titre de citoyen, le privilège de l'ingénuité : 1° L'esclave, du consentement de son maitre, s'engage dans l'armée, ou reçoit une dignité quelconque (l. VI et VII, *Cod. qui milit. poss.* XII, 34); 2° L'esclave du consentement de son maître, entre dans les ordres sacrés. (Nov. 123, cap. VII); 3° Lorsque le patron a eu des enfants avec son esclave, ces enfants sont libres et ingénus de plein droit par le mariage subséquent de leur père avec leur mère. (Nov. 78, cap. IV.)

III. Enfin, la tendance de la législation de Justinien étant d'assimiler autant que possible les affranchis aux ingénus, ce prince décida, dans la Novelle 78, que tout affranchissement entraîne au profit de l'affranchi le *jus aureorum annulorum,* et le *jus regenerationis*. Toutefois les droits du patron sont sauvegardés, et la *restitutio natalium,* c'est-à-dire l'assimilation complète de l'affranchi à l'ingénu, ne peut exister que du consentement du patron. Justinien emploie indifféremment dans ce cas les mots *jus regenerationis* et les mots *Restitutio natalium* pour qualifier le bénéfice qu'il accorde aux affranchis. Quant à la faculté du patron de renoncer à tous ses droits sur un affranchi, elle est complète, et l'autorisation de l'Empereur n'est plus exigée.

II

DE LA CONDITION DES ÉTRANGERS EN FRANCE
ET DE LA NATURALISATION

CONDITION DES ÉTRANGERS

EN FRANCE

ET DE LA NATURALISATION

PRÉFACE

Nous nous proposons d'étudier ici la condition des étrangers en France, et les moyens par lesquels ils peuvent devenir eux-mêmes citoyens Français. Mais avant d'aborder notre sujet, nous devons faire l'historique de la question, c'est-à-dire exposer les différentes législations qui se sont succédé à Rome et à Athènes d'abord, dans notre pays ensuite. Notre travail sera donc divisé en deux parties.

Première partie. — Histoire de la condition juridique des étrangers et de leur naturalisation dans l'Antiquité et dans notre ancien Droit.

Deuxième partie. — Exposé de la condition juridique des étrangers en France et de leur naturalisation à notre époque.

En ce qui concerne l'étude de notre sujet à Rome et à Athènes, nous feronsseulement observer que l'histoire de l'Antiquité se résume en quelque sorte dans l'histoire de ces deux grands peuples : le peuple Grec et le peuple Romain. Enfin, pour bien comprendre toute l'économie du système adopté par le code civil daus la matière que nous nous proposons de traiter, il est évident que nous devons examiner auparavant la législation du Droit féodal et coutumier ainsi que celle introduite en 1789 par le Droit intermédiaire.

Les commentateurs allemands les plus autorisés, et parmi eux, Blumtschli, Klüber et Watel, donnent de la Nation une définition qui peut se résumer ainsi : La Nation est une agglomération d'individus qui vivent dans une unité relative de religion, de morale, de mœurs, de droit, de littérature et de langage. — Celui qui fait partie de cette agglomération est un National, celui qui n'en fait pas partie est un Etranger. Ces deux idées de nationalité et d'extranéité sont corrélatives, et découlent l'une de l'autre. Cette distinction entre l'Etranger et le National a toujours existé ; et s'il est permis de rêver la fraternité universelle, les faits et la logique démontrent surabondamment que cet idéal est loin d'être atteint, à supposer que ce rêve d'esprits assurément généreux ne soit pas une chimère !

Les hommes, réunis dans un même groupe, ont naturellement et très sagement sauvegardé, avant tout, les intérêts de leurs concitoyens, c'est-à-dire des autres hommes qui faisaient partie de la même agglomération qu'eux; et c'est ainsi que l'idée de nation et de patrie s'est si fortement implantée dans le cœur de l'humanité. Et cette idée est d'autant plus tenace, d'autant plus vive, que les hommes sont plus libres et plus instruits. Une nation considère donc comme un véritable privilège le droit de l'individu qui peut se dire national; d'autre part, une nation est évidemment intéressée à l'accroissement de la population, accroissement qui la rend plus forte, plus prospère et plus glorieuse. C'est ce sentiment essentiellement naturel et humain qui a donné naissance à cette idée que tout Etranger pouvait aspirer à l'honneur de devenir National, en remplissant certaines conditions, ou en rendant à la patrie certains services signalés. A un autre point de vue, les rapports de commerce étant indispensables entre les peuples, on a dû se préoccuper de bonne heure de la situation qui devait être faite aux Etrangers forcés de résider sur le territoire national pour sauvegarder les intérêts de leur commerce ou de leur industrie.

Enfin, il a été admis de tout temps que les habitants d'un pays conquis par les armes et annexé au territoire national, devenaient nationaux par le fait même de la conquête ou de l'annexion.

Telles sont, en résumé, les idées générales qui dominent toute la matière que nous allons traiter.

PREMIÈRE PARTIE

DE LA CONDITION JURIDIQUE DES ÉTRANGERS ET DE
LEUR ASSIMILATION AU NATIONAL DANS L'ANTIQUITE
ET DANS NOTRE ANCIEN DROIT.

CHAPITRE PREMIER

LÉGISLATIONS GRECQUE ET ROMAINE

I. — LÉGISLATION GRECQUE

C'est dans ces deux législations, la législation
Grecque et la législation Romaine, que nous devons étudier la condition des Etrangers et leur
assimilation au National ; nous verrons qu'à Rome
et à Athènes, comme dans les temps modernes, la
condition des Etrangers a subi toutes les viscissi-
tudes de la colonisation.

Les hommes ne formaient à l'originequ'un
même peuple, et on ne connaissait alors ni
Etrangers ni Nationaux. Mais bientôt, leur nombre s'accrût et les contraignit à se disperser ; un

sol nouveau, un climat différent, changèrent leurs mœurs et leurs coutumes, et plusieurs nations se formèrent. Plus tard, l'opposition des intérêts les divisa encore davantage et ils devinrent des peuples. Chaque agglomération d'hommes eut alors ses lois propres, ses droits ou ses avantages exclusivement réservés à ses membres, et de l'égoïsme national naquit la distinction en nationaux et en étrangers.

L'étranger n'inspira d'abord que la défiance et la haine. Les peuples s'entourèrent en quelque sorte de barrières et lui défendirent l'accès du territoire national sous les peines les plus sévères. — Le *Deutéronome* (chap. XII) nous apprend que la loi de Moïse défendait aux Hébreux tout commerce et toute alliance avec l'étranger. Une légende qui ressemble fort à l'histoire raconte que les farouches habitants de la Tauride immolaient en l'honneur de Diane le malheureux étranger perdu sur leurs côtes.

A Sparte, nous retrouvons la même rigueur ; la législation est empreinte du caractère spartiate et, comme lui, impitoyable. Lycurgne, comme Moïse, interdisait toute alliance et tout commerce avec l'étranger, qui aurait pu apporter dans la république des idées nouvelles et battre en brèche la loi « cette Reine et Impératrice du monde aux yeux du Spartiate », suivant l'énergique expression de Pindare. Les Étrangers ne pouvaient entrer dans la ville que certains jours déterminés et jamais ils ne purent se faire élever à la dignité de citoyen. Hérodote cite seulement deux Étrangers qui aient obtenu le droit de cité à Sparte: le devin Tisamène et son frère.

A Athènes, au contraire, la condition de l'Étranger était infiniment plus douce : ce peuple, de mœurs élégantes et faciles, qui avait élevé à la Pitié un autel où les suppliants venaient déposer des bandelettes et des fleurs, ne pouvait fermer ses portes à l'Étranger ; de plus, à la différence des Spartiates, les Athéniens étaient commerçants, industrieux et essentiellement maritimes ; ils avaient avec les Étrangers de ces relations fréquentes et continues qui assurent et développent la prospérité d'un État. Mais, à Athènes comme dans tout le reste de la Grèce, l'Étranger n'en était pas moins tenu en suspicion et relégué dans un quartier déterminé de la ville, avec défense d'habiter ailleurs : de même au moyen âge, les Juifs furent parqués dans les juiveries. Les Athéniens, amoureux de la forme, fiers du sang qui coulait dans leurs veines, défendaient à leurs Nationaux de s'allier aux Barbares ; c'est sous ce nom qu'ils désignaient les Etrangers. Comme on le voit, pour être moins dure qu'à Sparte, la condition de l'Étranger à Athènes n'était rien moins

qu'enviable; pourtant, l'Étranger pouvait se soustraire aux humiliations qui lui étaient infligées en
obtenant certaines concessions qui se rapprochent
plus ou moins de nos modes d'assimilation de
l'Étranger au National; nous allons rapidement
exposer la question en prenant comme guide
M. Pastoret (Histoire de la Législation, t. I, p. 115
et suiv.).

Au fond de l'esprit grec, il y eut toujours un
insurmontable instinct d'isolement municipal, né
du morcellement exagéré du sol; cet instinct
s'opposa à la formation d'un grand État hellénique.
Et la force de ce sentiment d'indépendance et
d'autonomie locales était telle, que la Grèce fut
ivre d'une folle joie le jour où les Romains pro-
clamèrent que toute ligue était détruite et toute
ville rendue à son isolement; la Grèce se crut
libre, alors que commençait pour elle une servitude de vingt siècles!

Cet esprit d'isolement que nous venons de signaler, d'une part, et d'autre part les jalousies
séculaires qui divisaient tous les petits États Grecs
empêchèrent les Athéniens de pratiquer le mode
d'assimilation de l'Étranger au National, que nous
appelons dans notre droit moderne assimilation par
traité; pourtant ils admirent un autre mode d'assimilation qui lui ressemble et qui se rapproche de
notre autorisation de domicile, au point de vue

des effets qu'il produit. L'Étranger qui voulait s'établir à Athènes pouvait demander une autorisation à l'Aréopage ; après l'avoir obtenue, il prenait le nom de *Métèque* — c'est-à-dire : qui habite avec — et payait une contribution annuelle de douze drachmes comme chef de famille, et en retour de la protection qui lui était accordée par l'État; s'il n'acquittait pas sa contribution, il était vendu comme esclave. La contribution exigée d'une femme étrangère n'était que de six drachmes; mais la taxe du fils exemptait la mère comme celle du mari exemptait l'épouse. Le *Métèque* était inscrit sur les livres de la milice et n'était pas tenu d'habiter le quartier spécial des Étrangers. Enfin, il pouvait encore améliorer sa situation en trouvant un patron qui répondait de sa bonne conduite et lui servait de caution : alors, mais alors seulement, il pouvait travailler et exercer librement sa profession ou son métier. Mais, même dans ces conditions, l'Étranger ne pouvait devenir propriétaire que par l'intermédiaire de son patron, et il restait toujours soumis à certaines corvées humiliantes pendant les fêtes; aux Panathenées, par exemple, l'Étranger était contraint de porter les vases et les ustensiles sacrés : la femme étrangère tenait un parasol au-dessus de la tête des matrones athéniennes.

Xénophon était d'avis d'abolir toutes ces sujétions irritantes, et après plusieurs campagnes entreprises en faveur des Étrangers, leur condition fut sensiblement améliorée, et bon nombre d'entre eux furent élevés à la dignité de Citoyen.

En définitive, la législation athénienne n'était point libérale pour l'Étranger, « élément de ruine dans un pays », dit Aristote. Ainsi, les Athéniens n'accordaient aucun privilège à la naissance sur le sol, et ils ignoraient absolument le mode d'assimilation que nous nommons aujourd'hui bienfait de la loi. Le caractère potestatif de cette naturalisation répugnait profondément à l'esprit d'un peuple aussi jaloux et aussi orgueilleux de ses prérogatives que le peuple athénien. Bien plus, la qualité de National chez l'un de ses parents ne permet pas à l'Etranger d'acquérir le titre de citoyen Athénien, et cette règle était si absolue qu'on reprocha longtemps à Thémistocle la nationalité étrangère de sa mère.

L'Étranger ne pouvait donc se faire assimiler au National que par la naturalisation, et encore, l'assimilation était incomplète. La naturalisation fut établie, et les conditions en furent réglées par Solon. Bien loin de suivre l'exemple de Lycurgue et de fermer le territoire athénien, Solon avait ordonné d'accueillir les nombreux émigrants attirés par la liberté dont on jouissait dans l'Attique ; mais, il n'accordait le droit de cité qu'aux

Étrangers qui avaient été bannis à perpétuité de leur pays ; il pensait très justement qu'il est aussi mauvais d'avoir deux patries que de servir deux maîtres ; enfin, pour que le droit de cité fût concédé à l'Étranger, il fallait le vote favorable et deux fois réitéré de six mille citoyens.

L'Étranger naturalisé n'avait pas la jouissance des droits politiques ; ce n'était qu'à la troisième génération que la Curie, l'Archontat et le Sacerdoce pouvaient s'ouvrir à la famille du nouveau citoyen.

Quant à l'Étranger qui usurpait sans y avoir droit, le titre de citoyen, il était mis aux fers, et nous savons qu'au temps de Périclès cinq mille hommes furent vendus pour avoir pris indûment la qualité de citoyens d'Athènes.

En résumé, des trois modes d'assimilation de l'Étranger au National qui sont en vigueur dans notre droit moderne, deux seulement, l'assimilation par autorisation de domicile, et l'assimilation par naturalisation furent connus des Grecs, et pratiqués dans leur législation ; et encore est-il juste de dire que les effets de ces modes d'assimilation étaient beaucoup plus restreints en Grèce que de nos jours, et qu'ils furent admis par les seuls Athéniens. On voit que la législation grecque ne s'était pas inspirée des principes de Socrate, qui préférait la patrie à la famille et l'humanité à la patrie ; et que ce n'est pas non plus dans son pays, que ces autres belles paroles de Socrate, rapportées par Marc-Aurèle, auraient pu trouver leur application : « Je suis citoyen du monde ! »

II. — LÉGISLATION ROMAINE.

Passons maintenant à l'étude de la législation romaine qui comporte des développements un peu plus longs.

« *Peregrinus antea dictus hostis* », dit Cicéron ; mais si l'on s'en rapportait complètement à ces paroles, il faudrait dire qu'à Rome l'Étranger fut d'abord considéré comme un ennemi. Il est difficile d'admettre que les mots *hostis* et *peregrinus* aient jamais été synonymes ; l'origine même de Rome protesterait contre cette donnée, qui est d'ailleurs contredite par la signification primitive du mot *hostis*. Tout le monde, en effet, est d'accord pour admettre que Rome fut d'abord un asile créé par Romulus pour les bandits et les exilés du Latium ; le meilleur moyen de peupler une ville naissante était évidemment d'y attirer les étrangers et de les traiter en amis, en égaux. *Egaux,* telle fut donc la signification primitive du mot *hostis*, qui renfermait ainsi une promesse d'égalité et pas du tout une menace d'hostilité. Fœstus dit positivement que le mot *hostire* est synonyme du mot *œquare*. Plus tard, quand Rome fut assez forte pour entrer en lutte avec ses voisins, on vit nécessairement des ennemis dans les Étrangers et c'est alors que le mot *hostis* changea de signification, parce qu'il servait à désigner tous les peuples qui étaient en guerre avec Rome, et qui luttaient pour leur indépendance. Parmi ces peuples, plusieurs succombèrent dans la lutte ; quelques-uns plus heureux résistèrent et contraignirent les Romains à traiter avec eux ; pour les uns et pour les autres on inventa alors le nom de *Peregrinus* qui servit à les distinguer des autres peuples qui luttaient encore, et qui étaient *Hostes*. Enfin, le génie romain créa encore une troisième dénomination, celle de *Barbari*, qui servit à désigner les peuples habitant les contrées lointaines, les extrémités de la terre, peuples à moitié sauvages, avec lesquels les Romains n'avaient point de relations. Nous trouvons donc dans la langue romaine trois termes applicables aux Étrangers, et ces trois termes ont chacun une signification distincte : *Peregrini* : ce sont les étrangers proprement dits, qui sont soumis à la domination romaine ou qui ont traité avec Rome ; *Hostes* : ce sont les étrangers avec lesquels Rome est en guerre ; et enfin *Barbari* : ce sont les étrangers qui habitent les contrées lointaines, et avec lesquels Rome n'a pas de relations.

Quand Rome commença à entrer en guerre avec les peuples voisins, elle était fondée ; son existence était indiscutable et la ville, pour se peupler, n'avait plus besoin de se transformer en asile ouvert à tout venant ; alors, la loi refusa toute espèce de droit à l'Étranger. « *Adversùs hostem æterna auctoritas* », dit énergiquement la loi des Douze Tables ; à cette époque, étranger est bien synonyme d'ennemi. Mais bientôt la conquête et les alliances humanisèrent le vieux droit quiritaire, et à côté des institutions du droit civil, vinrent se placer des institutions destinées à protéger les Étrangers ; un préteur spécial, le *prætor peregrinus,* fut chargé de sauvegarder leurs intérêts ; mais cependant, cette protection accordée aux Étrangers au nom du droit des gens, laissa subsister un grand nombre de différences entre la condition juridique des citoyens Romains et la condition juridique des Étrangers. Pour se rendre un compte exact de ces différences, il est nécessaire de déterminer ce qui constituait l'*Optimum jus civis Romani,* c'est-à-dire le droit national romain dans toute sa plénitude.

A Rome, comme à Athènes, on distingua toujours deux sortes de droits : les droits civils et les droits politiques. Les premiers sont désignés par l'expression *jus Civitatis*, les seconds par l'expression *jus Quiritium*. Tous les citoyens Romains avaient le *jus Civitatis*, mais tous n'avaient pas le *jus Quiritium*; c'est-à-dire que tous ne participaient pas au gouvernement de l'État. Cette interprétation des deux mots *jus Civitatis* et *jus Quiritium* a été longtemps incertaine, mais aujourd'hui, on les entend généralement, et presque universellement dans le sens que nous venons de leur donner.

Le *jus Civitatis* se composait du *connubium*, du *commercium* et de la *patria potestas*; le *jus Quiritium* se composait du *jus suffragii* et du *jus honorum*. Les étrangers n'avaient ni le *jus Civitatis* ni le *jus Quiritium* : ainsi le mariage contracté par un Etranger ne produisait pas les mêmes effets que le mariage contracté par un citoyen Romain ; la propriété n'avait pas pour lui le même caractère que la propriété romaine. Tout, en un mot, et même le costume, distinguait l'Étranger du citoyen Romain, qui seul avait le droit de porter la toge.

Il y avait donc une différence absolue entre la condition du citoyen Romain et celle de l'Etranger. Peu à peu, des considérations politiques vinrent atténuer cette dissemblance, et toute une classe intermédiaire d'individus se forma entre les Citoyens et les Étrangers. Ces concessions, commandées par l'intérêt et la nécessité, s'adressèrent tantôt aux personnes, tantôt au sol. Nous allons étudier successivement ces diverses concessions, qui tendent toutes à assimiler l'Étranger d'une manière plus ou moins complète, au citoyen Romain.

1° JUS LATII.

On entend par *jus Latii* l'ensemble des privilèges et des concessions que Rome jugea prudent d'accorder aux peuples du Latium. Cette contrée était habitée par une association de trente peuples; Albe en était la capitale. Après la chute de cette ville, arrivée dans les circonstances que tout le monde sait, Rome eut la prétention de conquérir absolument tous les Albains, et de les assimiler entièrement aux citoyens Romains; moitié par des conquêtes successives, moitié par des traités habilement préparés, l'ancienne fédération latine fut enfin soumise. Mais cette soumission ne devait pas être de longue durée, et les Latins tirèrent profit de l'ébranlement considérable causé par la chute de la Royauté, pour se soulever et reconquérir leur indépendance perdue. Après une lutte acharnée de part et d'autre, qui ne prit fin qu'après la sanglante bataille du lac Régille, les

Romains et les Latins consentirent un traité par lequel ces derniers étaient incomplètement assimilés aux citoyens Romains ; c'est-à-dire qu'on leur accorda seulement le *commercium* et le *connubium*.

Le *commercium* rendait les Latins capables d'être propriétaires *ex jure Quiritium*, et leur permettait, par conséquent, de faire tous les actes qui, de près ou de loin, se rattachaient à l'acquisition, à la conservation et à l'aliénation de la propriété, tels que *la mancipation, l'incessio jure, la vindicatio, le testament per æs et libram*.

Le *connubium* rendait les Latins capables de contracter un mariage régulier, c'est-à-dire de contracter de justes noces, et par suite le *connubium* conférait aux Latins la puissance paternelle, l'agnation et le droit de succéder *ab intestat*.

C'étaient là de très sérieuses concessions, mais qui néanmoins laissaient subsister entre le Latin et le Romain une différence considérable : le citoyen Romain avait le *jus Quiritium*, c'est-à-dire l'exercice des droits politiques, et le Latin ne l'avait pas. On peut donc dire que le Latin était National, mais qu'il n'était pas Citoyen. Toutefois, la qualité même de Latin était par elle-même un véritable privilège, car il était facile au Latin de compléter sa situation, d'acquérir les droits politiques qui lui étaient refusés, et de devenir ainsi citoyen Romain. C'est ainsi que tout Latin qui venait s'établir à Rome après avoir laissé dans sa ville *stirpem ex se*, devenait citoyen en se faisant inscrire sur les tables du cens. De même les magistrats des villes latines devenaient citoyens à l'expiration de leurs fonctions. On reconnaît à ce trait le génie essentiellement pratique du peuple Romain : Rome dénationalisait ainsi les meilleurs citoyens, ceux qui avaient acquis dans leurs fonctions une influence souvent considérable, et qui auraient pu être tentés de se créer des situations indépendantes. La question de savoir si la femme et les enfants du Latin, ancien magistrat devenu par ce fait citoyen, suivaient la condition du chef de la famille, est très controversée, et malheureusement les lacunes de Gaius ne permettent pas de la trancher (Gaius, Comm. I, § 86). Enfin, une loi *Servilia de repetundarum* accordait encore le titre de citoyen Romain au Latin qui avait dénoncé un magistrat, et l'avait convaincu de concussion.

Ces différentes manières d'acquérir la cité Romaine n'étaient accessibles qu'à un petit nombre de privilégiés, et la grande masse des Latins restait vis à vis des Romains dans un état d'infériorité très humiliant. Et pourtant les Latins supportaient les mêmes charges que les Romains; ils payaient les impôts, ils servaient dans les armées, versaient leur sang pour Rome, et ne retiraient aucuns bénéfices des victoires éclatantes qu'ils avaient aidé à remporter. Un tel état de choses ne pouvait durer, et un jour arriva où les Latins demandèrent à être mis sur un pied d'égalité complète avec les Romains. Les Gracques demandaient justement qu'on fît droit à d'aussi justes réclamations, mais l'aristocratie romaine étouffa littéralement cette proposition dans le sang; on vota même une loi *Licinia Mucia* punissant de mort le Latin qui avait usurpé le titre de Citoyen.

Poussés à bout par d'aussi indignes traitements, les Latins agirent alors vis-à-vis de Rome comme autrefois les Plébéiens vis-à-vis des Patriciens ; ils prirent les armes et se retirèrent de l'association romaine. Ce fut le commencement de cette lutte longue et acharnée, connue dans l'histoire sous le nom de guerre Sociale, et qui devait mettre en péril l'existence même de Rome !

Grâce à l'épée de Marius et à l'énergie cruelle de Sylla, Rome triompha d'abord ; mais le danger n'était que conjuré, et il fallait à tout prix l'écarter. Les lois *Julia* et *Plautia*, rendues en l'an 664 de Rome, vinrent terminer la guerre Sociale en accordant aux Latins la plénitude du droit de cité. Dès lors, l'Italie ne forma plus qu'un État unique ayant Rome pour capitale.

Tout ce que nous venons de dire relativement

au *jus Latii* s'applique seulement aux peuples de l'ancien Latium, aux *Latini veteres*, qui ont disparu après la guerre Sociale. La condition de ces *Latini veteres* servit de type à la condition d'autres Latins qui furent appelés Latins Coloniaires; plus tard encore on assimila aux *Latini Colonarii* d'autres Latins qui prirent le nom de Latins Juniens.

Etudions en premier lieu la condition des *Latini Colonarii* en faisant ressortir les différences qui les distinguaient des *Latini Veteres*.

Personne ne met en doute la profonde habileté de la politique romaine; et l'on sait avec quel art vraiment prodigieux les Romains savaient s'assimiler un peuple. C'est au moyen du *jus Latii*, c'est-à-dire par une succession de concessions accordées à propos, que les Romains accomplirent cette œuvre lente d'assimilation, qui eut pour conséquence de leur donner l'empire du monde. De même, la création des colonies fut un des moyens que Rome employa avec le plus de succès pour romaniser les peuples; au reste, en créant de nombreuses colonies, Rome continuait à suivre les traditions des premiers peuples de l'Italie, qui eux-mêmes avaient suivi l'exemple des peuples grecs. Pour asseoir sa domination et assurer sa puissance, Rome transplantait sur le territoire récemment soumis un certain nombre de citoyens et leur partageait les terres conquises. Ces colons ainsi improvisés étaient citoyens Romains, et rien ne pouvait leur enlever ce titre; mais en fait, l'éloignement les empêchait absolument d'en user. Ces colons furent choisis d'abord parmi les hommes de bonne volonté; quelquefois même le sort les désignait parmi les hommes appelés sous les armes; plus tard les lois agraires envoyèrent les citoyens pauvres dans les colonies.

Dans le principe, on ne fonda que des colonies romaines; mais quand les Romains eurent fait alliance avec les Latins, ils formèrent des colonies d'une nouvelle espèce; ce sont ces dernières colonies qui sont devenues à proprement parler les colonies Latines. Ce nom apparaît pour la première fois au temps des guerres Puniques. Sans doute, il y avait à la fois e tdes citoyens Romains et des Latins dans ces colonies; mais les colons étaient principalement recrutés parmi les Latins des légions auxiliaires. Ces colons avaient pour mission de propager au loin le droit et les mœurs des Romains, nous dirions aujourd'hui de faire de la propagande et de la réclame pour Rome. On ne pouvait imaginer un meilleur moyen de préparer la conquête des contrées encore insoumises, et de consolider la puissance romaine dans les pays déja annexés.

Toutes ces colonies latines formaient autant de

petits États indépendants; elles étaient en quelque sorte une réduction de la métropole, possédaient un Sénat et des magistrats librement élus. Les colons avaient le *commercium*, tout comme les *Latini veteres*, mais à la différence de ces derniers ils n'avaient pas le *connubium*; comme eux enfin, ils pouvaient, dans certains cas, acquérir la qualité de citoyen Romain. Plus tard, l'ensemble de tous les droits attachés à la qualité de Latin Coloniaire prit le nom de *jus Latinitatis*, et c'est sous cette dénomination que plusieurs Empereurs l'accordèrent soit à des individus soit à des villes. Vespasien, entre autres, conféra d'un seul coup le *jus Latinitatis* à l'Espagne entière.

Terminons cette matière en disant un mot sur les Latins Juniens, que la loi *Junia* a assimilés aux Latins Coloniaires. Pour se rendre un compte exact des droits du Latin Junien, il ne faut pas perdre de vue qu'après la guerre Sociale, le *jus Latii* avait complètement disparu de l'Italie. Et pourtant, on trouve dans les textes l'expression *jus Latii* employée pour désigner la capacité juridique des Latins Juniens. La contradiction ici n'est qu'apparente. Sans doute, après la guerre Sociale le *jus Latii* a disparu de l'Italie, mais parce qu'il était devenu inutile; en tant que droit, il continuait à subsister; en tant que droit territorial, il subsistait quand on le concédait aux villes ou aux territoires situés hors de l'Italie ; en tant que droit personnel, il subsistait quand on l'accordait à une personne qui ne jouissait pas du droit de cité. C'est en ce dernier sens, comme droit personnel, que la loi Junia l'accordait à l'esclave affranchi par un mode non solennel, ou par un propriétaire qui n'avait pas sur lui le *dominium ex jure Quiritium*. Il est inutile de nous appesantir plus longtemps sur cette question, qui d'ailleurs forme le sujet de la première partie de notre travail.

2° Jus Italicum.

A Rome, les seuls citoyens Romains avaient la jouissance et l'exercice des droits civils ; les Étrangers en étaient rigoureusement exclus. Mais le privilège du droit de cité n'existe pas seulement pour les personnes, il existe encore pour les choses ; et de même qu'on peut concéder à une personne étrangère certains droits, de même on peut concéder ces mêmes droits, ou d'autres analogues, à des choses étrangères. Ainsi, le *commercium* concédé à une personne, lui donne le droit de devenir propriétaire *ex jure Quiritium*, et par conséquent de faire tous les actes du droit civil qui se rapportent à la propriété ; également la concession du *commercium* à un territoire étranger le rend susceptible d'être possédé *ex jure Quiritium*. Il faut donc faire une distinction entre le sol qui jouit du droit de cité et le sol qui n'en jouit pas.

A l'origine, l'*ager Romanus*, cette première terre péniblement conquise par les Romains aux alentours de Rome, pouvait seul être l'objet du droit civil, comme le seul citoyen Romain pouvait en être le sujet. Aujourd'hui encore la dénomination primitive s'est conservée et la campagne Romaine se nomme *agro Romano*. (M. Ortolan, *Généralisation du droit Romain*, t. I, p. 600.)

L'*augure* et l'*agrimensor* déterminèrent les premiers les limites de l'*ager Romanus* ; tout d'abord ces limites ne dépassèrent pas l'enceinte sacrée de la ville ; plus tard, elles s'étendirent à cinq ou six milles aux environs, jusqu'à l'endroit désigné par Strabon sous le nom de *Festi*. Tout citoyen, possesseur d'une portion quelconque de l'*ager Romanus* avait les auspices et le *dominium ex jure Quiritium*, c'est-à-dire la plénitude de la propriété. Cette propriété romaine était si bien protégée et tellement privilégiée que les Plébéiens pauvres aimaient mieux rester à Rome, où ils ne possédaient rien que la perspective incertaine d'un partage, que d'aller au loin, dans une colonie quelconque, posséder un sol moins privilégié, mais qui ne donnait pas le droit de suffrage à la curie : « Ils aiment mieux, dite Tite-Live, réclamer des terres à Rome qu'en posséder à Antium. » (M. Laferrière, *Essai sur l'histoire du droit français*, v. § 1.)

On étendit le privilège de l'*ager Romanus* à des territoires étrangers, absolument comme on avait étendu le privilège du droit de cité à des personnes étrangères. Et c'est parce qu'à la suite de la guerre Sociale le *solum Italicum* obtint le premier d'être assimilé à l'*ager Romanus*, que l'expression *jus Italicum* servit à désigner la concession du droit de cité faite à un territoire, à un sol, même situé en dehors de l'Italie.

Sur la foi de Sigonius, on a cru pendant longtemps, mais à tort, que le *jus Italicum* constituait un droit personnel, et que celui qui en était investi, se trouvait dans une situation intermédiaire, entre le Latin et le Pérégrin. M. de Savigny. (*Vermischte Schriften*, t. I, p. 29-50) a combattu cette erreur à l'aide d'arguments sans réplique tirés des textes combinés de Gaius et d'Ulpien. Ces deux jurisconsultes, dit M. de Savigny, n'énumèrent que trois classes de personnes libres : les Citoyens, les Latins et les Pérégrins : en aucun endroit ils ne parlent des Italici. On doit donc en conclure que le *jus Italicum* était un droit accordé à un territoire, un privilège qui avait pour but de rendre un sol susceptible d'être possédé par un *dominus ex jure Quiritium*. Il est probable que l'origine du *jus Italicum* remonte à la loi *Julia Municipalis*, et il est certain qu'il.fut d'abord concédé au seul territoire de l'Italie. La guerre Sociale n'eut en effet aucune conséquence directe que l'assimilation des Latins aux Romains et non point l'assimilation du sol italique à l'*ager Romanus*. (M. Ortolan, *Généralisation*, p. 599. — M. Demangeat, t. I, p. 161.)

Examinons maintenant les avantages procurés par le *jus· Italicum* : en premier lieu, les biens immobiliers du territoire qui en était investi, devenaient, non seulement susceptibles des modes d'acquisition et d'aliénation reconnus par le droit civil, tels que la mancipation, l'usucapion, etc., mais encore les détenteurs de ces immeubles étaient exempts de l'impôt foncier et du *Tributum capitis*, auxquels les détenteurs des fonds étrangers restaient soumis. En second lieu, les habitants d'un territoire investi du *jus Italicum* étaient recensés par leurs censeurs particuliers, et non par des magistrats Romains. C'est pour cette raison que l'on trouve au Digeste, au titre *de Censibus* (50, 15), une énumération des villes de province auxquelles le *jus Italicum* avait été concédé. Enfin, certains auteurs ont affirmé et soutenu que le *jus Italicum* conférait aux villes l'indépendance municipale. C'est là une question assurément intéressante, mais très controversée. (M. Revillout, *Revue historique*, t. I, p. 341 et suiv.)

Ces deux modes d'assimilation en usage chez les Romains, le *jus Latii* et le *jus Italicum* ont eu pour objet d'effacer progressivement les différences profondes et nombreuses qui séparaient la condition juridique du Latin de celle du citoyen Romain, jusqu'à l'unification complète de l'Italie, après la guerre Sociale.

Mais la distinction en étrangers et citoyens, en sol Romain et en sol étranger continua à subsister après la guerre Sociale pour les provinces et leurs habitants, et c'est à l'aide des mêmes procédés que Rome parvint à se les assimiler également. Voici comment : On concéda d'abord aux étrangers provinciaux le *jus Latii*, c'est-à-dire qu'on les assimila aux Latins ; puis on concéda aux contrées successivement conquises le *jus Italicum* c'est-à-dire qu'on assimila ces territoires à l'*ager Romanus*. C'est ainsi que les Empereurs accordèrent le *jus Italicum* à un grand nombre de villes parmi lesquelles nous citerons Lyon, Vienne, Cologne, en Europe ; Laodicée, Césarée, Béryte, etc., en Asie. Et non seulement on accorda aux provinciaux et aux provinces le *jus Latii* et le *jus Italicum*, mais encore on fit pour certaines nations entières ce qu'on avait fait pour l'Italie : on leur concéda le droit de cité dans toute sa plénitude.

Pour récompenser les provinces qui l'avaient soutenu dans sa lutte contre l'aristocratie romaine, César accorda le droit de cité à la Gaule Transpadane et à la Gaule Cispadane. C'est alors que l'on vit ce spectacle vraiment étrange de Gaulois siégeant en qualité de sénateurs dans cette ville de Rome qu'ils avaient jadis saccagée et brûlée. Plus tard, et malgré l'opposition du Sénat, l'empereur Claude accorda le droit de cité à la Gaule presque tout entière ; nous possédons des fragments importants du discours qu'il prononça à cette occasion. Ces fragments ont été retrouvés dans le Rhône, à Lyon, en 1528.

Ces deux modes d'assimilation de l'Étranger au National, que nous venons d'étudier : le *jus Latii* et le *jus Italicum* résultaient le plus généralement de traités ; et ils se rapprochent par certains côtés de notre mode d'assimilation par traités. Les Romains connurent et pratiquèrent également un autre mode d'assimilation dont les effets ont quelque analogie avec les effets actuels de notre autorisation de domicile.

3° Autorisation de domicile

Après la conquête de l'Italie, les Étrangers affluèrent à Rome : « *Usu Urbis prohibere peregrinos sanè inhumanum est,* » disait Cicéron. Mais, si les Étrangers trouvaient à Rome un accueil bienveillant, ils n'avaient pas l'exercice des droits civils, et même, quand ils mouraient, leurs biens étaient dévolus au fisc. C'est encore Cicéron qui nous donne ce détail. Tel était le droit absolu. Cependant l'Étranger pouvait améliorer sa situation en demandant l'autorisation d'habiter Rome, à la condition de se placer sous la protection d'un patron. C'était là une formalité facile à remplir, car alors ce n'était plus le fisc, mais bien le patron qui recueillait les biens de l'Étranger après sa mort — Sans doute, on peut rapprocher ce mode d'assimilation de notre autorisation de domicile ; mais on ne peut s'empêcher de remarquer que notre législation s'inspire uniquement des principes d'équité et d'humanité, tandis que la législation romaine ne s'inspire guère que du principe de spéculation.

4° Populi fundi

Que faut-il entendre par ces mots ? On est généralement d'accord pour admettre que les *populi fundi* sont les peuples qui, spontanément et de leur plein gré, ont adopté la loi romaine; et beaucoup d'auteurs en concluent qu'il y a là un mode d'assimilation à peu près identique au mode d'assimilation que nous appelons en droit français le bienfait de la loi. En effet. disent-ils, le mot *fundus* est synonyme d'*auctor* — ne dit-on pas *fundus esse sententiæ* pour exprimer que l'on s'approprie une opinion que l'on considère comme bonne ?

Le *populus fundus* est donc le peuple qui choisit et consacre librement son mode légal d'existence, c'est-à-dire qui abdique sa nationalité pour en prendre une autre. (Aulu-Gelle, VIII, § 12). Mais que prouve cette abdication, et cet hommage rendu à la supériorité de la loi Romaine ? est-il suffisant pour assimiler un peuple au peuple Romain sans son intervention ? Nous ne le pensons pas. Cicéron dit en effet : « *Populi fundi beneficio nostro, non suo jure, fiunt.* » (*Pro Balbo*, cap. VIII.) — Comment en présence de ce texte, pourrait-on soutenir que la fundanéité soit un mode d'assimilation par le bienfait de la loi, puisque Cicéron dit formellement que le *Beneficium populi romani* est la condition préalable de la collation de l'isopolitie ?

5° Naturalisation

Le mot de naturalisation n'a assurément jamais existé chez les Romains, mais il est certain que l'assimilation de l'Étranger au National avec le titre de citoyen fut connue et pratiquée à Rome. Il faut observer cependant qu'à l'origine on ne se montre pas prodigue du droit de cité, et que la naturalisation individuelle — nous employons ici ce mot avec son sens moderne — fut rarement appliquée au temps de la République; on ne connaissait alors que la naturalisation en masse, ainsi que le prouvent ces paroles de Cicéron : « *Vetant duodecim Tabulæ leges privis honoribus irrogare.* » Marius, le premier, dérogea à cette règle en naturalisant les habitants de quelques contrées fondées par lui. (Cicéron, *pro Balbo*, cap. XXI.)

La naturalisation, sous la République, était conférée de trois manières : par un Sénatus-Consulte, par une Loi ou par un Plébiscite. Concédée par un Sénatus-Consulte, la naturalisation ne faisait acquérir que le *jus Latii;* concédée par une Loi ou par un Plébiscite, elle faisait accquérir le *jus Quiritium.* Mais ce n'était pas tout : il fallait encore obtenir des censeurs l'inscription sur les registres du cens pour que l'acquisition du titre de citoyen fût complète; et l'on sait que les censeurs faisaient généralement partie des familles patriciennes, dont l'esprit était naturellement hostile aux Étrangers. .

Pendant les dernières années de la République, les magistrats accordèrent la naturalisation par délégation du peuple. Une loi *Gellia Cornelia* donna à Pompée le droit de naturaliser en Espagne tous les Étrangers qui avaient soutenu les armes romaines pendant la guerre de Sertorius.

César se fit octroyer le droit de naturaliser quand bon lui semblerait ; et sous les Empereurs un Étranger n'avait qu'à demander sa naturalisation pour l'obtenir : ce n'était plus alors un privilège, c'était un droit.

Enfin, par une constitution célèbre, Caracalla accorda le droit de cité à tous les habitants de l'Empire et à leur descendance. Ainsi un despote réalisa paisiblement, dans un but uniquement fiscal et avec plus d'étendue, la pensée démocratique qui avait valu une mort violente aux deux Gracchus et au tribun Drusus. (M. Accarias, *Précis du droit Romain*. t. I, p. 94.)

CHAPITRE II

I

M. Portalis disait dans son discours préliminaire
du Code Civil : Les Codes des peuples se font
avec le temps ; mais à proprement parler, on ne
les fait point : une législation est l'œuvre de plusieurs siècles, et c'est le passé qui engendre le
présent.

Le législateur innove rarement, et la plupart
du temps, il modifie simplement les institutions
du passé pour les accommoder à la mode du
jour. Il est donc essentiel de connaître au moins
l'esprit des lois anciennes, pour bien comprendre
et pour approfondir les lois modernes.

L'étude, d'ailleurs très sommaire, que nous
avons essayé de faire sur la législation romaine
en matière de naturalisation, nous prouve suffisamment que ce n'est pas dans ses dispositions
qu'il nous faut rechercher l'origine véritable de
la condition juridique des Étrangers en France et
de leur assimilation au National. Nos ancêtres

avaient trop de mépris des Romains pour leur emprunter leurs lois et même pour s'inspirer de l'esprit de leur législation : «Nous autres Lombards, dit l'historien célèbre Luitprand, de même que les Saxons, les Francs, les Bavarois, les Souabes et les Burgondes, nous méprisons si fort le nom Romain, que dans notre colère nous ne savons pas offenser nos ennemis par une plus forte injure qu'en les appelant des Romains : car par ce nom seul nous comprenons tout ce qu'il y a d'ignoble, de timide, d'avare, de luxurieux, de mensonger, tous les vices enfin. » (*Luitprandus In Legatione*, t. II, p. 481.)

C'est donc à tort que les légistes du Moyen-Age ont prétendu que les coutumes germaines procédaient du droit Romain en matière d'assimilation de l'Étranger au National.

Ces coutumes, essentiellement originales, contiennent le germe de notre législation moderne, et c'est à ce titre que nous avons le devoir de les étudier.

II

La Germanie était une vaste association de peuplades différentes qui se subdivisaient elles-mêmes en une infinité d'agglomérations plus petites. Ces associations portaient le nom de *Gau* dans la langue tudesque et de *Pagus* dans l'idiome romain ; elles reposaient toutes sur un principe uniforme : le principe de la garantie mutuelle et solidaire ; en d'autres termes, tous les membres de la même tribu étaient solidairement responsables les uns des autres.

Ces sortes de sociétés avaient pris naissance à l'époque reculée où le pouvoir public n'était pas assez fort pour protéger les individualités, dans un temps où chacun, pour sauvegarder sa vie et ses droits, ne pouvait compter que sur lui-même. Un certain nombre d'hommes se réunissaient et formaient entre eux une alliance ; ils prenaient l'engagement de se prêter aide et assistance pour la protection de leur vie, de leur famille, de leurs droits et de leurs biens. Par une juste réciprocité, logique et nécessaire d'ailleurs, tous les membres de l'association étaient solidairement responsables des violations des droits d'autrui ou des méfaits commis par un des associés. Ces sortes de délits, pour employer la langue juridique moderne, donnaient lieu à une réparation pécuniaire ou *Werhrgeld*, et chaque association avait droit, ou était soumise à la poursuite du *Wehrgeld*, suivant qu'un de ses membres avait été l'auteur ou la victime du fait punissable : « *Suscipere tam inimicitias seu patris seu propinqui quam amicitias necesse est.* » (Tacite, *de M. Germ.*, XXI.)

Pour faire partie d'une de ces associations, il fallait obtenir le consentement de tous ses membres, qui alors étaient responsables pour le nouvel associé du paiement du *Wehrgeld*. Tous les hommes libres pouvaient faire partie de ces tribus, et ils portaient alors des noms différents qui variaient suivant leur nationalité originaire. Chez les Lombards, les membres de la tribu se nommaient *Arrimani* ou *Hermanni*; *Friborgi* chez les Anglo-Saxons; *Rachimburgi* chez les Francks. — L'*Arriman* est l'homme libre, qui seul a le droit de porter les armes; c'est là le privilège qui distingue le National de l'Étranger, et même, pour que ce droit soit accordé au citoyen, il faut le consentement de tous. Tacite le dit formellement : « *arma sumere non ante cuiquam moris quam civitas suffectum probaverit.* » Germanie, § 13). Quant à l'Étranger, il ne fait point partie de l'association, parce qu'il ne présente aucune garantie : à plus forte raison, n'a-t-il pas le droit de porter les armes.

Chez les Anglo-Saxons, le *Friborge* est l'homme libre et puissant (voir sur cette intéressante question les Lois de Canut le Grand, *Cinciani*, C. XIX). C'est du mot germanique *Borj* ou *Borge* qui dérivent des mots français Bourg et Bourgeois. Chez les Franks, le *Rachimbourg* présente les mêmes caractères et a les mêmes droits que le *Friborge* chez les Anglo-Saxons.

Il faut aussi mentionner les *Ghildes*, associations normandes analogues à celles que nous venons d'énumérer. M. Augustin Thierry, dans ses célèbres *Récits des temps Mérovingiens*, a donné des Ghildes cette belle définition : « C'était une sorte de communion païenne qui entretenait par de grossiers symboles et par la foi du serment des liens de charité réciproque entre les associés ; charité exclusive, hostile même à l'égard de tous ceux qui, étant restés en dehors de l'association, ne pouvaient prendre les titres de convive, conjuré, frère du banquet. »

Ce système d'organisation sociale des peuples de la Germanie entraîne la conséquence suivante : l'individu qui n'était ni Arriman, ni Friborge, ni Rachimbourg, portait le nom de *Warganeus* ou de *Garganeus* et était Étranger. Ce n'était alors ni l'origine ni le lieu de naissance qui déterminaient la nationalité, mais uniquement l'affiliation à une société d'hommes libres. Le *Warganeus* n'avait point de garants qui pussent payer pour lui le *Wehrgeld :* en conséquence, il était mis hors la loi, n'avait aucun droit et était exposé aux derniers traitements. Objet de la défiance générale et du mépris de tous, rien ni personne ne le protégeait ; les Saxons avaient même le droit de le vendre comme esclave.

On retrouve dans cette condition misérable de l'Étranger en Germanie, l'origine de la condition relativement très dure que nos lois actuelles font à l'Étranger non autorisé à résider en France.

III

Nous allons examiner maintenant les modes d'assimilation du *Warganeus* au *Rachimbourg* et nous allons retrouver dans les moyens successivement employés, l'origine et pour ainsi dire l'embryon de nos modes actuels d'assimilation de l'Étranger au National.

L'Étranger, le *Warganeus* avait en Germanie une situation tellement infime, qu'une réaction était inévitable ; c'est en s'appuyant sur les principes mêmes du vieux droit que l'Étranger peut obtenir dans la suite des temps quelque adoucissement à son triste sort. En effet, si l'Étranger n'a droit à aucune protection et à aucune garantie, c'est que lui-même ne présente aucun répondant de sa moralité et de ses bonnes intentions ; qu'il trouve, s'il le peut, un garant, un hôte qui le place sous sa protection, et alors il n'a plus rien à craindre ; car, c'est une chose très remarquable que les Germains avaient le culte de l'hospitalité ; nous en trouvons la preuve dans un passage de

Tacite : « *Convictibus et hospitiis non alia gens effusius indulget ; quemcumque mortalium arcere tecto nefas habetur. Notum ignotumque quantum ad jus hospitii nemo discernet.*» (*Germanie*, § 22). César lui-même avait dit auparavant : « *Hospites sanctos habent.* » (*De Bello Gallico*, IV, 21.)

Cependant, si les mœurs des Germains leur faisaient un devoir d'exercer l'hospitalité, elles ne pouvaient les forcer d'accepter un hôte inconnu, peut-être dangereux, et n'offrant aucune garantie. La loi d'Édric, § 15, nous apprend que le Germain qui garde l'Étranger dans sa maison pendant trois nuits consécutives, devient par là même son garant et est forcé, le cas échéant, de payer le *Wehrgeld* pour lui : « *Si quis advenam tribus noctibus hospitio exceperit in propriâ suâ domo mercatorem aut alium qui extrà limites advenerit et eum ibi suo cibo aluerit et is tum alieni malefecerit, ipse ulteriùs illo judicio sistat aut rectum perdat.* » (V. le Traité anglo-normand de Brithou, ch. XII, et les Lois d'Édouard le Confesseur, t. XXVII, *de Hospitibus,* — *Canciani,* t. IV, p. 231).

Si le Germain veut éviter toute espèce de solidarité et ne point se porter garant d'un Étranger qui lui demande l'hospitalité, il n'a qu'à lui indiquer une maison voisine : « *Quum defecerit qui modo hospes fuerat, monstrator hospitii et*

*omnes, proximam domum non invitati adeunt,
nec interest, pari humanitate accipiuntur.* »
(Tacite, *Germanie*, XXI).

La loi Gombette s'inspira de principes plus
hospitaliers encore, et elle autorisa même
l'Étranger à fixer sa résidence en Germanie, sans
avoir de garants : « Tout Étranger qui vien-
dra daus notre pays avec dessein d'y fonder
son habitation pourra le faire où bon lui semblera et avec qui bon lui semblera, et qu'aucun
ne s'imagine avoir le droit de faire un esclave de
cet Étranger ou même n'ose nous demander de le
déclarer son esclave. » (*Loi Gombette*, 5). Ailleurs,
cette même loi se montre encore plus favorable
pour l'Étranger : « *Si in causâ privatâ iter agens
ad Burgundionis domum venerit, et hospitium
petierit, et ille domum Romani ostenderit, et hoc
potuerit adprobare, inferat ille cujus domum
ostenderit solidos tres, et mulctæ nomine solidos
tres.* » (*Canciani, — Barbarorum leges antiquæ,*
tit. XXXVIII, 23).

L'Étranger était encore autorisé à résider en
Germanie sans garants quand il avait séjourné
pendant douze mois sur le territoire d'une association, mais il lui fallait l'assentiment de tous les
membres de la communauté ; l'opposition d'un
seul l'eût forcé de quitter la place. La loi Salique
ne nous laisse aucun doute à cet égard : « *Si quis*

admigraverit et ei aliquis infra duodecim menses nullus testatus fuerit, ubi admigravit, securus alii vicini consistat. » (M. Pardessus, *Lex salica,* tit. XLV : *de migrantibus,* 2.) Si le consentement unanime lui est acquis, l'Étranger est non seulement libre, mais encore il entre dans le système de garantie générale ; il est national, mais il n'est cependant pas encore citoyen.

Pour qu'il devienne citoyen, il faut qu'il soit solennellement admis dans l'association par tous les associés ; il acquiert alors le droit de porter la framée et il peut faire partie du *mallum,* c'est-à-dire de l'assemblée ; il peut acquérir la propriété de la terre salique ; il a le droit de vengeance privée ; en un mot l'assimilation est complète, et l'Étranger, déjà national, devient citoyen.

En résumé, les Germains connurent trois modes d'assimilation de l'Étranger au national, à savoir : cette sorte d'assimilation résultant de l'hospitalité accordée pendant trois nuits, et lès concessions du titre de national d'abord et du titre de citoyen ensuite, résultant du séjour de douze mois dans la tribu et de l'admission solennelle au *Mallum.* N'est-on pas frappé de l'analogie singulière qui existe entre ces trois modes d'assimilation et notre autorisation de domicile, notre naturalisation ordinaire et notre grande naturalisation ?

Mais les Germains, toujours en guerre les uns

contre les autres, ne connurent à aucune époque ces sortes de concessions réciproques que les peuples modernes se font entre eux, et qui constituent ce qu'on appelle aujourd'hui l'assimilation par traités. Ils ne connurent pas davantage cette naturalisation privilégiée que nous nommons en droit français, naturalisation par le bienfait de la loi. La raison en est simple, car cette assimilation constitue pour l'individu qui en profite un droit véritable et non pas une faveur; or, l'organisation sociale de la Germanie se refusait absolument à une semblable pratique. Il était en effet de toute impossibilité qu'un Étranger pût s'imposer à l'association et y entrer de droit, puisque le consentement unanime de tous les membres d'une tribu était nécessaire pour admettre un nouveau national.

On a soutenu cependant que dans le droit germanique les *Professiones legis* constituaient en réalité une sorte de naturalisation par le bienfait de la loi, c'est-à-dire sous conditions potestatives. Nous allons examiner cette question en quelques mots.

IV

La condition de l'Étranger en Germanie, telle que nous venons de l'esquisser, fut très sensiblement modifiée à la suite de la conquête de la Gaule. Les deux peuples, Franks et Gallo-Romains se trouvèrent réunis sur un même territoire : le temps seul put opérer le mélange des deux races, mais avant cette fusion définitive, les vainqueurs aussi bien que les vaincus conservèrent leurs lois particulières et leurs mœurs distinctes.

Toutes ces lois étaient essentiellement personnelles : Les Franks, les Gallo-Romains, les Goths, les Burgondes vivaient chacun d'après leur droit, et Agobard pouvait justement écrire au roi Louis I, le Débonnaire : « On voit souvent converser ensemble cinq personnes dont aucune n'obéit aux mêmes lois. » C'est de cette diversité qu'est sorti le système dit des lois personnelles, par opposition aux lois réelles ou territoriales. Les lois personnelles régissent l'état et la capacité de l'Étranger : les lois réelles ou territoriales régissent ses propriétés ; et à ce point de vue, mais à ce point de vue seulement, l'Étranger est assimilé au national.

Avant la conquête, le système de la personnalité des lois était inconnu : l'Étranger qui habitait au milieu des Germains était soumis, non pas à la loi de son pays d'origine, mais à la loi Germanique : le passage suivant de la loi Salique ne laisse subsister aucun doute : « *Si quis ingenuus*

Francum aut hominem barbarum qui lege salicâ vivit, occiderit.... etc. » Malgré ce texte qui semble bien précis, Montesquieu a pourtant soutenu que le système des lois personnelles existait chez les Germains, avant la conquête. (*Esprit des Lois,* XXVIII, II.)

Mais après la conquête, on dut nécessairement appliquer la loi Romaine aux Gallo-Romains, et la loi Salique aux Franks. Plus tard, après la soumission et l'incorporation, dans l'Empire, des Visigoths, des Burgondes, des Allemans, on leur laissa également leur droit national, et au septième siècle le principe de la personnalité des lois était en pleine vigueur, ainsi que le prouve le précepte de Marculfe : « Tu cómmanderas tous les peuples qui existent dans ton comté, mais tu auras soin de ne faire appliquer, à aucun, une autre loi que la sienne. » Nous savons encore que la loi des Ripuaires reconnaissait expressément la loi Salique, la loi des Burgondes et la loi des Allemands. Il y eut alors dans l'empire franc autant de lois différentes que de peuples distincts, et cet état de choses dura jusqu'au moment où ces peuples divers : Francs, Allemands, Burgondes, Gallo-Romains formèrent une seule nationalité : la nationalité française. Ce sont ces lois personnelles, lois barbares, capitulaires de Charlemagne, qui donnèrent naissances à nos anciennes coutumes.

Nos anciennes coutumes à leur tour disparurent en 1789, à cette époque glorieuse où se réalisa définitivement l'unité nationale.

« Ces coutumes, dit M. Demangeat, étaient d'abord attachées au territoire, de même que ceux auxquels elles s'appliquaient, avant de passer de l'état de serfs à celui de vilains ou de coutumiers, étaient renfermés dans le fief comme dans une prison. Elles s'étendaient seulement sur un certain ressort dont elles ne pouvaient sortir, elles étaient exclusivement réelles et nullement personnelles. Ce n'est guère qu'au xiiiᵉ siècle, lors de l'émancipation des communes, qu'on commença à reconnaître dans les coutumes des statuts personnels, c'est-à-dire susceptibles de suivre la personne pour régler sa capacité en quelque lieu qu'elle allât résider. » (M. Demangeat, *Histoire de la condition civile des Étrangers en France*, p. 43.)

Ce système de la personnalité des lois, qui fut pratiqué en France jusqu'au xᵉ siècle, entraînait les conséquences suivantes : les biens n'étaient pas, comme aujourd'hui, soumis à la loi territoriale, mais régis par la loi personnelle de leurs possesseurs ; il faut faire cependant une exception en ce qui concerne les *alleux*, qui d'ailleurs ne pouvaient être possédés que par les seuls Français. La capacité et les droits d'une personne étaient

régis par la loi nationale et on désignait le droit
personnel d'un individu par le nom de sa nation.

Muratori, et après lui plusieurs auteurs, enseignent que tout individu pouvait choisir librement
la loi à laquelle il désirait être soumis, que cette
loi fût celle de sa nation ou celle d'une autre.
Cette opinion est connue dans la doctrine sous
le nom de *Théorie des Professiones legis.*

L'Italie eut des destinées presque de tous points
semblables à celles de la Gaule ; elle fut même
parcourue par un plus grand nombre de Barbares
et les races s'y mélangèrent encore plus que dans
notre pays. Le système des lois personnelles y
était également suivi ; mais en raison de la mul-
tiplicité des peuples qui avaient envahi l'Italie,
ce système présenta, dans son application, des
difficultés encore plus grandes qu'en Gaule. On
était obligé, dans toutes les contestations, de
rechercher d'abord quelle était la nationalité des
parties, pour leur appliquer ensuite la loi de
leur pays. Chacun devait produire la justification
de sa nationalité, et l'acte qui contenait cette justification ; c'est pour cela que l'indication de la
loi qui devait être appliquée portait le nom de
Professiones legis. En 824, un capitulaire de
Lothaire décida que les Romains seraient interro-
gés sur la loi qu'ils entendaient suivre : « *Volu-*

mus ut omnis senatus et populus Romanus interrogetur quali vult lege vivere et sub eâ vivat.» On a conclu de ce texte, qu'en Italie chacun était maître d'accepter la nationalité qui lui plaisait. On s'est encore fondé, mais en le dénaturant, sur un texte de la loi Salique, que nous avons déjà cité : « *Si quis ingenuus Francum aut hominem qui lege salicâ vivit occiderit,* » pour soutenir que le système italien était suivi en France et que le Gallo-Romain pouvait opter à son gré pour la loi salique. Si l'on admet cette théorie des *Professiones legis,* il faut en conclure que nos ancêtres connaissaient la naturalisation volontaire. Montesquieu, qui admet la théorie des *Professiones legis,* ne va pas cependant jusque-là : pour lui, le libre choix de nationalité que les *Professiones legis* autorisaient, est une des causes de la chute du système de la personnalité des lois, et la raison pour laquelle le midi de la France devint pays de droit écrit, et le nord, pays de droit coutumier. (*Esprit de lois,* t. XVIII, IV.)

Mais cette théorie des *Professiones legis,* est-elle véritablement exacte ?

Il nous paraît qu'on s'est mépris d'abord sur la portée du *Capitulaire de Lothaire,* et ensuite sur le sens du texte de la loi Salique, que nous avons cité. Lothaire, en effet, accorda un droit d'option, non pas à une personne déterminée, à une individualité, mais à des cités qui pouvaient faire choix d'une loi unique. En outre nous devons observer que le *Capitulaire de Lothaire* est spécial à l'Italie et qu'il est illogique de l'étendre à d'autres pays.

M. de Savigny a porté le dernier coup à ce système en établissant qu'en somme, on ne demandait pas aux parties sous quelles lois elles entendaient se placer, mais bien quelle était leur nationalité, à seule fin de leur appliquer la loi de leur pays. (M. de Savigny. *Histoire du droit romain au moyen âge*, t. I, p. 164 et suiv.)

Quant au texte de la loi Salique, ce n'est qu'en y ajoutant le mot *Barbarum* qu'on a pu en tirer un argument et dire que cette loi reconnaissait trois classes de personnes : les Barbares, les Francs, qui vivent sous l'empire de la loi Salique, et les Gallo-Romains, qui peuvent, à leur gré, choisir la loi Salique. Nous conclurons donc de ce qui précède, que les *Professiones legis* n'ont jamais eu le caractère absolu qu'on leur a attribué, et qu'elles ne constituaient pas un mode de naturalisation volontaire. Nous devons cependant ajouter, avant de clore cette discussion, que M. de Savigny, dans des travaux plus récents sur le droit romain au moyen âge, semble avoir modifié sa première opinion et admis que, dans certains cas, d'ailleurs controversés, les parties pouvaient choisir la loi à laquelle elles entendaient se soumettre. D'après M. Demangeat ces cas auraient été au nombre de trois. (*Histoire de la condition civile des Étrangers en France*, p. 69.)

CHAPITRE III

DROIT FÉODAL ET COUTUMIER — DROIT DES
ORDONNANCES

I

En France, sous les rois de la seconde race, la
condition des Étrangers dut être ce qu'elle avait
été avant la conquête, car, à cette époque les idées
germaniques étaient encore en vigueur. Une
partie des Francs s'établit sur les terres conquises,
qui furent tirées au sort : c'est de là que vient le
nom d'*Alleux*. Mais, tous les Francs ne quittèrent
pas leur existence nomade et aventurière, et un
grand nombre, au lieu de se fixer définitivement
dans une contrée déterminée, préféra s'associer à
la fortune d'un chef renommé et le suivre dans
des expéditions lointaines.

A partir de cette époque, l'Étranger ne fut plus,
comme en Germanie, l'individu qui ne faisait partie
d'aucune tribu, mais celui qui était né en dehors
de l'empire franc et qui n'était pas d'origine franque Sans défense, sans protection,

toujours à la discrétion du plus fort ou du plus audacieux, l'Étranger dut suivre l'exemple de ceux qui n'avaient ni alleux ni bénéfices, et acheter, moyennant le sacrifice de son indépendance, la protection des hauts barons francs. Cet usage donna naissance à la *Recommandation*, si fréquente sous les rois des deux premières races.

Cette sorte de sauvegarde devait être peu efficace, car non seulement Charlemagne, mais encore plusieurs rois, ses prédécesseurs, tentèrent d'améliorer la condition de l'Étranger et finirent même par le prendre complètement sous leur protection. Dagobert invoque les Saintes Écritures pour protéger l'Étranger : « *Peregrinum et advenam non contristabis.* » Charlemagne dit à son tour : « *Qui ad palatium aut aliubi pergunt, ut eos cum collectâ nemo sit ausus adsalire.* » (Capitulaire de mars 779.) Par un autre capitulaire de 802, il place les Étrangers sur la même ligne que les veuves, les orphelins et les églises, dont il se constitue le protecteur et le défenseur. Enfin, dans un capitulaire de 803, il commande à chacun de ses sujets de recevoir l'Étranger dans sa maison et à sa table ; le cheval lui-même a droit à la nourriture : « *Volumus ut infra regna Christo propitio nostra, omnibus iterantibus nullus hospitium deneget, mansionem et focum tantum ;* » il ordonne également à ses *missi dominici* de faire chaque année le recensement des Étrangers dans les territoires qu'ils étaient chargés de visiter.

Au ixe siècle, une révolution sociale et politique s'opère : le système féodal, pressenti par Charlemagne, combattu en vain par Charles II le Chauve, s'organise et est définitivent consacré par le capitulaire de Kiersy-sur-Oise, qui déclare les fiefs héréditaires. Tous les anciens gouverneurs nommés par le grand empereur d'Occident : ducs, marquis, barons, proclament leur indépendance ; chacun d'eux se taille à sa guise et suivant ses forces un petit royaume dans ce grand empire franc, et non seulement les nouveaux seigneurs s'arrogent la propriété du sol et de ses dépendances, mais encore ils conquièrent pour ainsi dire les hommes qui habitent leur territoire, de telle sorte que les habitants ne sont plus que l'accessoire du sol. Le droit barbare se transforme en droit coutumier et le *warganeus* des Germains devient l'*aubain* ou l'*épave*.

« Le capitulaire de Kiersi, dit M. Henri Martin, couronne le triste règne de Karle le Chauve et peut être considéré comme l'acte d'abdication de la royauté francke : la grande lutte commencée avec la conquête elle-même était terminée ; la royauté vaincue sanctionnait sa défaite, et l'hérédité des offices et des bénéfices, presque partout triomphante en fait, était solennellement érigée en droit : l'ère féodale était ouverte, et une société nouvelle, avec un nouveau droit politique, allait sortir du chaos où l'occident se débattait depuis la chute de la société romaine. » (Henri Martin. *Histoire de France*, t. II, p. 467.)

II

C'est au ixe siècle, dans une charte octroyée à l'évêque Ynchadus par Louis Ier le Débonnaire « *le saint Louis du IXe siècle* », comme l'appelle Michelet, que nous trouvons pour la première fois le mot *Albani*, c'est-à-dire *Aubains*. C'était là une expression générique qui servait alors à désigner tous les Étrangers, parce que ce nom était celui des Écossais, le peuple le plus nomade de la terre à cette époque. De même, au moyen âge, les peuples de l'Orient donnaient le nom de Francs à tous les chrétiens d'Europe, quelle que fût leur nationalité particulière. Quant au mot *épave*, il dérive du terme latin *expavefacta*, qui servait à désigner un animal égaré et sans maître. Un curieux extrait des registres de la Cour des Comptes explique en ces termes la différence qui existe entre l'*Aubain* et l'*Épave* : « *Aubains sont hommes et femmes qui sont nez en ville dehors le royaume si prochain que l'on peut connoistre les noms et nativitez de tels hommes et femmes ; et quand ils sont venus demeurer au royaume, ils sont proprement appelés aubains et non espaves. Espaves sont hommes et femmes nez dehors le royaume de si loingtains lieux que l'on n'en peut au royaume avoir connaissance de leur nativité, et quand ils sont demeurants au royaume peuvent être dits espaves.* » Mais, à côté de ce texte, nous en citerons un deuxième, duquel il semble résulter qu'on donnait aussi le nom d'*Aubains* à des individus nés en France, mais dont l'origine était obscure et incertaine : « *Items tous aubains sont personnes qui ne scavent dont ils sont naiz, ne dont ils sont extraits ; comme on pourrait dire enfants nouveaux naquis et gaignez par aucunes jeunes femmes, désirant etre célées et pour ce les font mettre aux huys d'aucunes églises avec du sel en signifiant qu'ils ne sont pas baptisez, ou autres enfants apportez d'estranges païs, comme enfants pris en guerre si jeunes qu'ils ne scavent dire dont ils sont, ni les noms des père et mère.* »

Il semble bien que la condition de l'aubain et de l'épave a été de tous points analogue. Mais pendant assez longtemps les aubains se sont subdivisés en deux classes, qu'il importe de distinguer, parce qu'on leur appliquait des règles différentes. Les aubains de la première classe étaient ceux qui quittaient soit le diocèse, soit la chatellenie où ils étaient nés, pour aller s'établir sur un autre territoire. Ils étaient alors traités comme des Étrangers dans ce nouvel endroit, et comme tels, soumis aux droits d'aubainage. Au moyen age, en effet, chacun était pour ainsi dire incrusté au sol de la seigneurie où il était né ; on devait y vivre, y souffrir et y mourir, et le simple changement de diocèse ou de chatellenie avait le même effet qu'une expatriation dans de lointains pays.

Les aubains de la deuxième classe étaient les individus nés en pays étranger et qui étaient venus s'établir en France et y résider. Saint Louis, dans ses *Etablissemens*, donne à ces aubains, qui seuls à justement parler étaient des Étrangers, le nom de *Mecrus*, c'est-à-dire méconnus, gens dont l'origine est incertaine.

Saint Louis, très équitablement d'ailleurs, affranchit les aubains de la première classe du servage et leur imposa simplement certaines charges : « *Si aucuns hons estrange vient ester en aucune chastellenie de aucun baron et il ne fasse sainnieur dedans l'an et jour il en sera exploitable au baron, et si avanture était qu'il mourust et il n'eut commandé à rendre quatre deniers au baron, tuit ses meubles seraient au baron.* » (*Etablissemens*, l. I, ch. 87, d'home

estrange, qui n'a point de seigneur.) Deux causes
motivèrent cette disposition et contribuèrent à
faire disparaître les usages qui faisaient considérer
en France des Français comme des étrangers :
l'émancipation des communes d'abord, et ensuite
la lutte heureuse entreprise par le roi, souverain
fieffeux du royaume contre les grands feudataires.
Le roi, en effet, ne reconnaissait comme Étrangers
que ceux qui étaient nés en dehors du royaume,
et peu à peu, il parvint à faire respecter ce principe
par tous ses vassaux. (M. Demangeat. *Histoire de
la Condition civile des Etrangers en France*).

Quant aux Étrangers véritables, ou aubains de
la deuxième classe, leur condition fut toujours
très dure. Les antiques principes du droit germanique étaient toujours observés à leur égard, et les
seigneurs les faisaient serfs ou mainmortables,
ainsi que le prouve l'extrait suivant la coutume
de Champagne : « *Quand aucuns albains vient
demeurer dans la justice d'aucuns seigneurs et li
sires dessous qui il vient ne prend le service dedans
l'an et jour; si les gens du roy le savent, ils en
prennent le service et est acquis au roy.* » Saint
Louis affranchit également ces aubains, et il
décida que s'ils mouraient en laissant des enfants,
le seigneur aurait droit à la moitié des meubles
appartenant à ces aubains morts sur ses terres ;
à défaut d'enfants survivants, le seigneur recueillait

la totalité des meubles, mais à la charge de « rendre sa dette et s'aumosne, » c'est-à-dire d'acquitter les dettes et les legs. Vers le xve siècle seulement, les Étrangers cessèrent d'être considérés comme des serfs, mais alors le droit d'aubaine vint remplacer pour eux la servitude.

III

Par *droit d'aubaine*, on entendait la double incapacité dont était frappé l'Étranger de succéder, et de transmettre soit par testament, soit *ab intestat*, à ses parents et à tous autres. Ce n'est au fond qu'un vestige du vieux droit germanique. Nous savons en effet que le *Warganeus* ne pouvait être propriétaire en Germanie, parce que les terres se partageaient exclusivement entre tous les hommes libres, membres de l'association. De même en Gaule, après la conquête, la terre salique ou *alleu* fut l'apanage exclusif du guerrier franc ; l'Étranger qui ne participait pas au droit civil, qui était en dehors de l'association, ne pouvait en avoir la propriété. C'est de cette incapacité qu'est né le droit d'aubaine. C'est donc bien dans l'esprit des mœurs et des coutumes germaniques qu'il faut chercher l'origine du droit d'aubaine, et c'est à tort, selon nous, que certains auteurs ont prétendu qu'il avait été établi en France en haine des Anglais, et par représailles d'un statut rendu par Edouard III, en 1328, qui enlevait aux Étrangers, et par conséquent aux Français, le droit de succéder en Angleterre.

« *Aubains ne peuvent succéder,* » tel était le rigoureux principe. Par contre, on permettait quelquefois à l'Étranger de tester *ad pias causas,* pour le remède de son âme, mais alors il ne pouvait disposer d'une somme supérieure à cinq sols. Il ne pouvait transmettre à titre de succession, si ce n'est à ses descendants légitimes, les biens qu'il possédait en France, parce que c'était un principe absolu *qu'il ne pouvait avoir d'autres héritiers que de son corps procreez en loyal mariage.* Il ne pouvait pas non plus succéder en France, parce que les lois qui règlent les successions font partie du droit civil, et que la jouissance du droit civil est exclusivement réservée aux membres de la cité ; en outre, il existait de nombreux édits qui prohibaient l'exportation des matières d'or et d'argent. Au xiie siècle cependant, à l'époque de la résurrection du droit romain, on commença à faire une distinction entre les actes du droit civil et les actes du droit des gens. L'Étranger était incapable de faire les premiers, et il était habile, au contraire, à faire les seconds : c'est ainsi qu'il pouvait transmettre ou acquérir par donation entre vifs.

Au xive siècle, à l'époque où les Étrangers cessèrent d'être considérés comme des serfs, et où le droit d'aubaine remplaça l'antique servitude, les rois remirent en vigueur, à leur profit, bien entendu, l'ancien principe de Charlemagne : « *Le Roi est le patron des Etrangers,* » et les aubains furent placés sous leur *avouerie.* Nul seigneur ne put molester l'Étranger qui avait fait aveu au roi. Les rois firent même un pas de plus en avant et voulùrent être les seuls seigneurs que pût reconnaître l'Étranger. C'est ainsi qu'ils finirent par s'attribuer tous les bénéfices que les barons et les comtes retiraient des aubains, et notamment le droit d'aubaine. Cet état de choses subsista malgré les efforts de notre grand juris-consulte Dumoulin, qui soutenait que le seigneur avait la propriété du droit d'aubaine.

Le droit d'aubaine s'exerçait donc au profit de la couronne ; sous ce nom on désignait, dans un sens restreint et uniquement fiscal, le droit en vertu duquel le roi prenait possession des biens de l'aubain, par suite de l'incapacité de trans-mettre dont il était frappé. Le droit d'aubaine, considéré comme droit domanial, était inalié-nable ; car le domaine ne peut être démembré, *«semblable à la tunique sans couture qui ne fut divisée,* » et à l'époque de son avènement au trône, le roi jurait de respecter l'inaliénabilité du domaine. Le domaine ne peut être ni cédé ni donné, conformément à la maxime : « *In generali concessione vel donatione a principe, facta non intelliguntur comprehensa jura peregrinalia quæ appellantur faragia.* » Bacquet nous apprend que cette prérogative de la couronne découlait des trois considérations suivantes : sur ce que le roi seul peut donner des lettres de naturalisation ; sur ce qu'il y a eu commise par suite de la contravention faite aux lois et aux statuts du royaume qui ne permettent point à l'Étranger d'acquérir biens en France ; sur ce qu'il appartient au roi seul d'autoriser l'Étranger à se fixer en France.

Dans un autre sens beaucoup plus large, on entendait par droit d'aubaine l'ensemble des dispositions législatives applicables aux étrangers. Bacquet, notamment, adopte ce sens quand il intitule son livre : *Du droit d'aubaine.* Ainsi, les aubains étaient soumis au paiement de certaines redevances annuelles, évidemment un vestige de leur ancien état de servitude ; ces redevances prirent le nom de *Chevage.* Dans le bailliage de Vermandois, nous voyons que « *tous bâtards et aubains furent, chacun an, contraints à bailler ou faire mettre par écrit leurs noms et surnoms, et à payer douze deniers parisis le jour de la Saint Remi, à peine de sept sous six deniers d'amende.* »

Les aubains étaient encore soumis au droit de *formariage*. L'aubain qui épousait une femme d'une autre condition que la sienne, ou née dans une autre seigneurie devait, non seulement obtenir l'autorisation de son seigneur, mais encore payer une redevance, pour avoir *forligné* : c'est cette redevance qu'on appelait droit de formariage: « *Bastards et aubains ne peuvent se marier sans encourir les peines de formariage,* » lisons-nous dans la coutume de Châlons.

Il résulte de tout ce qui précède, que la condition des Etrangers était très dure en France, notamment en ce qui concerne la double incapacité dont ils étaient frappés de succéder ou de transmettre, soit *ab instestat,* soit par testament, à leurs parents et à tous autres. Mais le droit d'aubaine reçut des restrictions et des adoucissements successifs; il disparut même complètement chaque fois que l'Étranger fut assimilé au National. En étudiant donc ces restrictions et ces adoucissements apportés au droit d'aubaine, nous verrons en même temps les modes d'assimilation plus ou moins complète de l'Étranger au National, qui furent en vigueur en France depuis l'établissement du régime féodal jusqu'à la Révolution de 1789.

IV

A. Il y avait une première exception au droit d'aubaine en faveur des enfants de l'Étranger qui étaient nés en France et y étaient domiciliés. La présence d'un seul enfant se trouvant dans ces conditions suffisait pour écarter le fisc, et permettre à tous les autres enfants de venir à la succession.

B. Une exception était encore admise pour les rentes provenant d'emprunts publics. Les édits qui créaient ces rentes les affranchissaient du droit d'aubaine. (Édits de juillet 1559; décembre 1674; août 1720.)

C. Les services rendus au pays par certaines personnes étrangères avaient motivé en leur faveur une exception : c'est ainsi que l'article 12 de l'édit de novembre 1667, relatif à la manufacture royale des Gobelins portait : « *que les ouvriers employés dans cette manufacture qui viendraient à décéder y travaillant actuellement, seraient réputés regnicoles et leurs successions recueillies par leurs enfants et héritiers.* » (Voir : déclaration du 30 novembre 1715; ordonnance de Dieppe de juillet 1475; ordonnance de Tours de mars 1483.)

D. La naturalisation particulière et la naturalisation générale engendraient une quatrième exception. Toutefois l'Étranger naturalisé ne pouvait transmettre sa succession, ni succéder à ses parents étrangers lors même qu'ils eussent été ses propres enfants. C'est qu'en effet, la naturalisation ne saurait conférer plus d'avantages que la qualité de Français d'origine ; c'est pour cette raison que les lettres de naturalité, en relevant l'Étranger de l'incapacité de transmettre, portaient cette mention : « *Proviso quod heredes impetrantis sint regnicolæ.* » Le roi seul avait le droit d'accorder des lettres de naturalité ou quelquefois aussi, comme on les appelait, de *Civilité* (Bacquet, ch. XI); lui seul encore touchait les quelques petites sommes qu'il plaisait à la Cour des Comptes de taxer pour l'indemnité de Sa Majesté. (Bacquet, chap. XXV, 5.)

La naturalisation générale, qui produisait les mêmes effets, était assez souvent usitée dans notre ancien droit : ainsi, après le mariage du Dauphin, qui fut plus tard François II, avec Marie Stuart, le roi Henri II naturalisa en bloc tous les Écossais, par lettres patentes : « *pour jouir par les impétrants de l'effet d'icelles tant que le royaume d'Écosse serait en l'obéissance, confédération et amitié du roi* ».

E. La rigueur du droit d'aubaine avait été adoucie : 1° à l'égard des écoliers, maîtres, docteurs et autres suppôts de l'Université, dont la succession mobilière pouvait être recueillie par leurs héritiers ; 2° à l'égard des ambassadeurs des puissances étrangères qui jouissaient du même privilège ; 3° à l'égard des princes souverains étrangers qui recueillaient aussi les biens mobiliers de leurs parents français.

D'ailleurs, sauf l'incapacité de recueillir et de transmettre à cause de mort, l'Étranger pouvait faire en France tous les contrats dits *du droit des Gens*. Aussi, il pouvait louer, prêter ou emprunter, donner ou recevoir mandat, échanger, vendre et acheter, hypothéquer, donner ou recevoir par donations entre vifs.

V

En résumé, au moment de la Révolution de 1789, les droits de chevage et de formariage étaient depuis longtemps tombés en désuétude. L'Étranger demandeur était soumis à la *caution judicatum solvi* dont il faut faire remonter l'origine à l'ancienne organisation de la société germanique : l'Étranger n'était pas reçu à faire cession de biens, *autrement*, dit un ancien jurisconsulte, *l'Étranger pourrait à son advantage sucer le sang et la moëlle des Français, puis les payer en faillite.* Il était encore soumis, de plein droit, à la contrainte par corps pour toutes sortes de condamnations, même civiles; enfin, en matière de succession, il était soumis au droit d'aubaine.

Mais, ce droit d'aubaine n'avait plus dans la pratique qu'une portée très restreinte; le plus souvent il était converti en un simple droit de *détraction*, ou même aboli par des traités intervenus entre la France et la plupart des autres nations. Cependant les philosophes les plus éminents l'attaquèrent avec violence. Montesquieu le flétrit de l'épithète p'insensé; Necker, le trouvant impolitique et inutile, en demanda l'abolition. Il démontra, en effet, par les comptes rendus authentiques de tous les contrôleurs généraux, et par les états de la Régie des domaines, que le droit d'aubaine, même dans ses plus beaux jours, n'avait point rapporté au fisc plus de 40,000 écus, et que souvent cette somme avait été insuffisante pour couvrir les frais de perception. (Fenet, t. VII, p. 474.)

Enfin, l'Assemblée constituante condamna le droit d'aubaine en ces termes énergiques : « Contraire aux principes de fraternité qui doivent lier tous les hommes, quels que soient leur pays et leur gouvernement, ce droit, établi dans des temps barbares, doit être proscrit chez un peuple qui a fondé sa Constitution sur les droits de l'homme et du citoyen.

« La France libre doit ouvrir son sein à tous les peuples de la terre, en les invitant à jouir sous un gouvernement libre des droits sacrés et inaliénables de l'humanité. En conséquence, les droits d'aubaine et de détraction sont abolis pour toujours. » (V. le décret complémentaire du 8 avril 1791.)

DEUXIÈME PARTIE

DE LA CONDITION JURIDIQUE DES ÉTRANGERS ET DE LA NATURALISATION

CHAPITRE PREMIER

CONDITION JURIDIQUE DES ÉTRANGERS EN FRANCE

Les membres de la Constituante, disciples de Rousseau et de Montesquieu, législateurs plus philanthropes que pratiques, avaient voulu établir entre les Français et les Étrangers l'égalité absolue, pour donner aux peuples l'exemple de la fraternité universelle. Mais, l'on s'aperçut bien vite que la France était dupe de sa générosité ; aussi, les rédacteurs du Code civil laissèrent-ils de côté la théorie pour n'examiner que les faits. La conclusion de M. Rœderer, en cette matière, fut que « tout paraissait concourir à montrer que le système de l'Assemblée constituante devait faire place à des principes plus conformes aux intérêts de la France et de l'humanité ».

« Il me semble, ajouta M. Rœderer, que la France aura fait tout ce qu'exige sa longanimité en provoquant de la part des nations étrangères l'abolition de droits barbares par une abdication conditionnelle et subordonnée de ses propres droits. »

Le Tribunat adopta sans peine ces sages idées, et le système de la réciprocité préconisé par M. Rœderer fut définitivemet adopté. Ce système se recommandait en effet à l'attention du législateur non seulement à cause de sa logique, mais aussi en raison de l'expérience très satisfaisante qui en avait été faite dans les derniers temps de la monarchie.

L'article 11, qui règle actuellement la condition des Étrangers en France est ainsi conçu : « L'Étranger jouira en France des mêmes droits civils que ceux qui sont ou seront accordés aux Français par les traités de la nation à laquelle cet Étranger appartiendra. »

Un mot d'explication est ici nécessaire pour bien faire comprendre dans quel sens il faut entendre cette réciprocité et quelle étendue il convient de lui donner. Notre article 11, en effet, est susceptible de plusieurs interprétations, et l'on pourrait le traduire en ce sens que du moment où une nation donnerait à nos compatriotes résidant sur son territoire les mêmes droits civils qu'elle accorde à ses nationaux, nous serions forcés par là même de reconnaître à de tels Étrangers résidant dans notre patrie, l'exercice de nos droits civils les plus importants. Telle n'est point la pensée de la loi : il ne s'agit point dans notre espèce d'une réciprocité de fait, mais d'une réciprocité de convention, qui ne peut exister qu'en vertu d'un traité intervenu entre la France et une autre nation. Toutefois, cette théorie est un peu absolue, et nous aurons à y revenir dans la section II de ce chapitre, quand nous étudierons la condition des Étrangers en France, relativement à l'exercice des droits privés.

SECTION I

DROIT CONSTITUTIONNEL

La condition juridique d'un Étranger qui habite, réside ou séjourne simplement en France, peut être envisagée à un double point de vue : au point de vue de l'exercice des droits constitutionnels, et au point de vue de l'exercice des droits privés. Nous traiterons ici la première de ces deux propositions.

On entend par droits constitutionnels l'ensemble

des droits politiques et des droits publics.
L'Étranger qui réside en France ne peut avoir à
aucune espèce de titre l'exercice des droits politiques, et M. Mourlon en donne les raisons convaincantes dans un passage remarquable de
précision : « Ces droits, dit-il, sont attachés à la
qualité du citoyen. La condition essentielle, la
première parmi celles qui sont exigées pour être
citoyen, c'est d'être Français : la jouissance des
droits politiques est donc exclusivement attribuée
aux Français ; les Étrangers n'ont point qualité
pour y prétendre. On conçoit sans peine qu'il ne
suffit pas, pour être admis, de près ou de loin,
au gouvernement d'un peuple, à l'administration
de ses affaires, d'être mâle et majeur, c'est-à-dire
d'être doué de force et d'expérience : il faut surtout être partie de ce peuple, et par suite intéressé
à sa gloire et à sa prospérité. » (Mourlon, t. I,
p. 73.)

Mais s'il est logique que l'Étranger n'ait ni la
jouissance ni à plus forte raison l'exercice de nos
droits politiques, il est non moins logique de lui
concéder la jouissance et l'exercice de nos droits
publics tels que la liberté individuelle, la liberté
de conscience, la liberté de la parole et de la pensée, la liberté de la presse : ainsi donc, en ce qui
concerne les droits politiques la dissemblance est
complète entre le Français et l'Étranger, tandis

que la ressemblance est parfaite en ce qui concerne les droits publics. Mais, par une juste réciprocité, l'Étranger qui réside en France est tenu de respecter les lois de notre pays et de se conformer à leurs prescriptions. « Les lois de police et de sûreté obligent tous ceux qui habitent le territoire », dit l'article 3 de notre code civil. Suivant l'expression de M. Portalis, l'Étranger, de passage en France, est sujet causal de la loi française. Dans la discussion au Corps législatif, M. Faure s'exprimait en ces termes : « Il (l'Étranger qui est en France) contracte l'obligation de respecter la loi, et s'il est assez téméraire pour l'enfreindre, il ne peut espérer d'être traité plus favorablement que les citoyens eux-mêmes. »

Par lois de police et de sûreté, il ne faut pas entendre seulement la loi pénale, mais l'ensemble des dispositions émanant de l'autorité, et ayant pour but d'assurer la sécurité de toutes les personnes qui habitent la France, ou qui y séjournent temporairement.

A un autre point de vue, ces mots du code : *lois de police et de sûreté*, s'appliquent à l'ensemble de nos dispositions législatives, dépourvues de sanctions pénales, et uniquement inspirées par des considérations d'ordre public ou social. Ainsi, il est défendu par la loi française de pactiser sur une succession non encore ouverte : c'est donc en vain qu'un Étranger invoquerait, pour contrevenir à cette disposition, la législation contraire de son pays natal. En France, l'égalité est le principe dominant sur lequel repose tout le système de la dévolution des biens par succession ; un Anglais, par exemple, ne pourrait pas, invoquant la loi formelle de son pays, instituer son fils aîné seul héritier de tous les biens qu'il possède en France. Ces deux exemples suffisent à expliquer l'esprit de la loi : ajoutons enfin que la forme des actes est obligatoire pour l'Étranger toutes les fois qu'elle l'est pour le Français, par exemple en matière de donations, d'adoption, de contrat de mariage, d'hypothèque.

—Ainsi donc, en ce qui concerne l'exercice des droits publics, l'Étranger est assimilé au Français, mais il doit en même temps se conformer aux prescriptions de la loi française pendant tout le temps qu'il séjourne sur notre territoire. De même que la loi française protège l'Étranger, de même elle le punit s'il se rend coupable d'un crime ou délit : mais, l'égalité parfaite entre Français et Étranger ne saurait exister ici ; et dans plusieurs cas, notre loi pénale inflige aux Étrangers une peine plus forte, à raison même de leur qualité. C'est ainsi que le gouvernement a le droit d'expulser du territoire français un

Étranger coupable, même d'un simple délit. Ce droit, nécessaire et légitime, a toujours été admis, même par la loi du 6 août 1790 qui conviait tous les peuples à la fraternité universelle en leur ouvrant le sein de la France, suivant le style pompeux de l'époque.

Ce droit d'expulsion d'un Étranger est réglé actuellement par l'article 7 de la loi du 3 décembre 1849 ; cet article est ainsi conçu : « Le ministre de l'intérieur pourra, par mesure de police, enjoindre à tout Étranger, voyageant ou résidant en France, de sortir immédiatement du territoire français, et le faire conduire à la frontière. — Il aura le même droit à l'égard de l'Étranger qui aura obtenu l'autorisation d'établir son domicile en France ; mais après un délai de deux mois, la mesure cessera d'avoir son effet, si l'autorisation n'a pas été révoquée suivant la forme indiquée dans l'article 3. — Dans les départements frontières, le préfet aura le même droit à l'égard de l'Étranger non résidant, à la charge d'en référer immédiatement au ministre de l'intérieur. »

En ce qui concerne l'Étranger de passage en France, et qui n'a point obtenu du gouvernement l'autorisation de domicile, il ne pouvait y avoir de difficulté, et M. de Montigny, rapporteur de la loi de 1849, l'indique nettement dans son rapport : « C'est un des droits du pouvoir exécutif, dit-il, de faire sortir du territoire français les Étrangers dont la présence pourrait être dangereuse pour le pays. La loi du 22 vendémiaire an VI l'a formellement consacré pour tous les cas où l'ordre et la sécurité publique y paraîtraient intéressés, et la proposition a de nouveau posé ce principe en des termes plus généraux qui en abandonnent l'application, à titre de mesure de police, à l'appréciation du ministre de l'intérieur. »

Mais la question devient beaucoup plus délicate quand il s'agit d'un Étranger ayant obtenu du gouvernement français l'autorisation d'établir son domicile en France : le projet primitif était ainsi conçu : « Le droit d'expulser n'existera qu'après que l'autorisation d'établir le domicile en France aura été révoquée. » Le ministre de la justice fit alors observer que l'efficacité du droit accordé au gouvernement d'expulser un Étranger résidait tout entière dans la promptitude avec laquelle l'ordre du ministre était exécuté. Sans méconnaître la justesse de cette observation, le rapporteur, M. de Montigny ne fut pas d'avis de supprimer le paragraphe ainsi que le demandait le ministre de la justice : « En effet, disait-il, lorsque, sur la foi de l'autorisation de domicile, un Étranger a fondé des établissements considérables, lorsqu'il s'est créé des intérêts, n'y aurait-il pas une sorte d'inhumanité, à souffrir que, tout d'un coup et à toujours, par un ordre ministériel qui peut, dans certaines circonstances, être inspiré par les passions politiques du moment, il fût obligé de renoncer à tous ces avantages ? »

La commission proposa alors un amendement en ce sens qui fut voté, et qui est devenu le paragraphe 2 de l'article 7.

La situation passagère de l'Étranger a encore inspiré à son égard certaines mesures de surveillance : actuellement, il ne peut voyager en France sans être muni d'un passe-port. (Loi du 23 messidor an III. — Circulaire ministérielle du 20 août 1816).

Une ordonnance du préfet de la Seine, en date du 3 septembre 1851, prescrit aux Étrangers qui veulent se rendre à Paris, de demander, dans un délai de huit jours, un permis de séjour au préfet de police. — Aujourd'hui, ces formalités gênantes ne sont plus guère observées, et même la multiplicite et la rapidité des moyens decommunication les rendent impraticables.

— Il nous reste à parler, avant de terminer cette matière, de la situation qui est faite aux réfugiés des autres pays. Et d'abord, que doit-on entendre par ce mot *réfugiés?*

Lors de la discussion de la loi du 21 avril 1832, le garde des sceaux répondit à cette question en

ces termes : « L'article de la loi est particulière-
ment relatif aux Étrangers réfugiés, c'est-à-dire
à ceux qui sans passeport, sans relations avec aucune espèce d'ambassadeur, se trouvent évidemment dans l'état que chacun appelle l'état de ré-
fugié. » Et M. Charles Dupin ajouta : « On appelle
réfugiés tous ceux qui résident en France sans la
protection de leur gouvernement. »

La situation des réfugiés est actuellement régie
par la loi du 20 novembre 1849. Cette loi ne comporte qu'un seul article et se borne à proroger les lois
des 21 avril 1832, 1er mai 1834, et 24 juillet 1839,
pendant un laps de temps de trois années ; aucune
loi n'ayant été rendue depuis sur cette matière, il
s'en suit que c'est en définitive la loi de 1832
qui est en vigueur actuellement, et non seulement
cette loi, mais même la loi du 28 vendémiaire
an VI. M. de Broglie, dans son rapport à la Chambre
des Pairs, a indiqué ainsi le but de la loi de 1832 :
« Le gouvernement, Messieurs, ne vous demande
point d'abroger la loi du 28 vendémiaire an VI,
et de la remplacer par une autre loi : il entend,
au contraire, conserver la possibilité d'en faire
usage, au besoin, à l'égard des Étrangers qui
voyagent en France. Mais il pense que ses dispositions sont insuffisantes en ce qui concerne une
certaine classe d'Étrangers : les réfugiés politiques. » Sans doute, la loi du 3 décembre 1849 a bien

abrogé la loi de vendémiaire an VI, en ce qui concerne les Étrangers ordinaires ; mais comme elle
ne concerne en rien les réfugiés politiques, nous
en concluons qu'il faut à cet égard s'en tenir à l'esprit de la loi de 1832, et les paroles autorisées de
M. de Broglie ne nous permettent aucun doute.

Nous n'avons point le dessein d'entrer ici dans
le détail de ces lois qui d'ailleurs laissent au gouvernement la plus large initiative : disons seulement que le ministre a le droit d'assigner aux
réfugiés politiques une résidence déterminée et qu'il
a le droit de les expulser du territoire en cas de
désobéissance.

Nous allons étudier maintenant la condition
juridique des Étrangers en France au point de vue
des droits privés.

SECTION II

DROIT PRIVÉ

Nous avons déjà dit au commencement de ce
chapitre que la condition juridique des Étrangers en France était réglée par l'article 11
du Code civil. Aux termes de cet article, que nous
avons cité, l'Étranger ne jouit en France que des
mêmes droits civils dont les traités conclus avec
sa nation assurent la jouissance aux Français dans

le pays de cet Étranger. Il ne s'agit pas là d'une réciprocité de fait, mais bien d'une réciprocité de convention. Cette théorie, d'ailleurs parfaitement logique, mène à des conséquences un peu forcées : supposons, en effet, un Étranger résidant en France; aucun traité n'est intervenu entre notre pays et le sien ; rigoureusement cet Étranger ne jouit chez nous d'aucun de nos droits civils, il ne pourra ni se marier, ni contracter! Tel n'est pas évidemment le but de la loi, et nous allons essayer de donner l'explication de notre article en étudiant l'opinion des jurisconsultes les plus autorisés.

Mais auparavant, une observation est indispensable : remarquons en effet que l'article 11 n'était pour ainsi dire, lors de sa rédaction, qu'une pierre d'attente, et que les divers cas où il devait s'appliquer furent successivement précisés plus tard par d'autres articles du Code.

En généralisant la question, nous pouvons ramener à deux systèmes les opinions diverses qui ont été émises sur cette matière.

1° Les Étrangers ne peuvent jouir des droits civils en France qu'à la condition que ces droits leur soient formellement concédés.

2° Les Étrangers jouissent en France de tous nos droits civils, hormis de ceux dont la jouissance leur est formellement retirée par des textes précis.

Premier système.—Ce système se recommande de la grande autorité de M. Demolombe:«Il ne faut pas croire, dit le savant maître, que cette théorie soit étroite et exclusive; nous verrons au contraire qu'elle se montre très large et très libérale; car la concession en vertu de laquelle les Étrangers peuvent jouir des droits civils en France, peut être expresse ou tacite, et avec cette donnée, on arrive presque toujours à des conclusions satisfaisantes... » (*Cours de code civil*, t. I, p. 363, 4ᵉ édition.)

Pour fixer sa théorie, M. Demolombe argumente par *a contrario* de l'art. 8, ainsi conçu : « Tout Français jouira des droits civils. » Donc, puisque cette jouissance est un privilège de la qualité de Français, puisque les droits civils sont faits pour les Français, l'Étranger, en principe, ne peut y prétendre aucun droit. Cette nécessité d'une concession une fois établie, M. Demolombe recherche dans quels cas et sous quelles formes elle peut être accordée.

En premier lieu elle résulte évidemment des traités passés entre le gouvernement français et les puissances étrangères; en second lieu des lois françaises.

Deuxième système. — Les Étrangers jouissent en France de tous les droits civils, à l'exception de

ceux dont la jouissance leur est formellement
retirée par des textes précis. Ce système, soutenu
par M. Demangeat dans son *Histoire de la condition civile des Étrangers en France* (p. 248 et
suiv.), a été adopté par M. Valette dans son *Explication sommaire* du liv. I du Code civil (p. 407 et
suiv., nouvelle édition). « Cette manière de régler
la position civile des Étrangers, dit-il, est en
harmonie avec la réalité des faits historiques;
car, chez tous les peuples de l'Europe chrétienne (en mettant de côté l'époque très ancienne,
où la législation était personnelle), on reconnaît facilement que le droit non politique (droit
privé) a été dans l'origine appliqué à tous les
individus, Nationaux ou Étrangers, sans distinction subtile sur l'origine de telle ou telle règle
juridique. »

Nous n'hésitons pas à nous ranger parmi les
partisans de ce second système. Nous en don-
nerons deux raisons : la première, c'est la place
même qu'occupe l'article 11 dans notre Code.
Comme nous l'avons déjà dit, cet article posait
seulement un principe, le principe de la réciprocité, uniquement dans le but de réagir contre
les tendances du droit intermédiaire et pour qu'aucun doute ne fût possible ; et ce qui prouve que
le législateur n'avait pas l'intention de refuser
aux Étrangers la jouissance de nos droits civils,

c'est que dans les articles 726 et 912, il dénie formellement aux Étrangers le droit de succéder et le droit de disposer de leurs biens. Donc, si le législateur de 1804 a pris soin de refuser certains droits aux Étrangers, c'est qu'il leur reconnaissait implicitement, par là, la faculté de jouir des autres. On trouve un second argument à l'appui de ce système dans les paroles suivantes de M. Boulay de la Meurthe qui indiquent nettement l'esprit et la portée de l'article 11 : « Ce qu'il y a de mieux à faire dans cette matière, dit-il, est sans doute d'en revenir au principe de la réciprocité dont les avantages ont été sentis dans les derniers temps de la monarchie. Accorder chez nous aux Étrangers les mêmes droits civils que ceux qu'ils nous accorderont chez eux, quoi de plus raisonnable, de plus conforme aux saines idées de la politique, du droit des gens et de la nature? Quoi de plus propre à favoriser le développement des idées philanthropiques et fraternelles qui devraient lier les diverses nations? Mais il serait aussi absurde de refuser aux Étrangers la jouissance de toute espèce de droits civils que de les leur accorder tous. »

— Nous devons traiter ici la question de savoir si la loi du 14 juillet 1819 a abrogé l'article 11. Cette loi relative à l'abolition du droit d'aubaine et de détraction a abrogé les articles 726 et 912 du Code civil, et par conséquent, concédé aux Étrangers le droit de succéder en France, de disposer et de recevoir de la même manière que les Français. M. Demolombe explique en ces termes l'esprit de cette loi : « C'est le système de l'Assemblée constituante, mais par des motifs tout différents. Les lois de 1790 et 1791 étaient l'œuvre de l'enthousiasme et de l'exaltation des sentiments philanthropiques d'alors ; la loi de 1819, déterminée plutôt par des considérations politiques, se proposait, dans l'intérêt national, d'exciter les Étrangers à placer en France leurs capitaux et leur fortune. » (*Cours de Code civil*, t. I, p. 371, 4ᵉ édition).

A notre avis, la loi de 1819 n'a pas abrogé l'article 11. Les termes en sont clairs et ne prêtent à aucune équivoque : Abrogation des articles 726 et 912. Si le législateur de 1819 eût voulu supprimer l'article 11, il l'eût dit. Et d'ailleurs, ainsi que nous l'avons exposé plus haut, l'article 11 énonce un principe : les articles 726 et 912 étaient autrefois une dérogation à ce principe, que la loi avait nettement formulé. La loi de 1819 a supprimé cette dérogation, mais il est bien évident qu'elle a laissé subsister le principe !

SECTION III

DROITS DE FAMILLE

L'état et la capacité d'un Étranger sont incontestablement régis par la loi de son pays ; c'est cette loi qu'il faut consulter si l'on veut déterminer la majorité ou la minorité d'un Étranger, sa capacité ou son incapacité, sa situation de célibataire ou d'homme marié, sa légitimité ou son état d'enfant naturel. Mais le Code Civil suppose dans plusieurs de ses articles, que des liens de parenté peuvent exister entre un Français et un Étranger, et que naturellement ces liens créent des droits de famille. Que faut-il décider relativement au règlement de ces droits de famille ? L'hésitation nous semble impossible, et nous croyons fermement que nos tribunaux doivent appliquer la loi française. Cette solution est assurément grave, puisqu'elle a pour conséquence directe de permettre aux Étrangers d'être tuteurs en France, qu'elle leur reconnaît le droit d'adoption (jurisprudence de la Cour de Paris). Ces propositions ont été vivement critiquées par plusieurs jurisconsultes. Nous allons exposer les théories différentes qui ont été enseignées sur ces deux questions.

Première question. Un Étranger peut-il adopter un Français? ou un Français adopter un Étranger?

M. Valette admet l'affirmative. Il argumente des articles 12 et 19, qui concernent le mariage entre Français et Étrangers : puisque la loi autorise et ratifie un tel mariage, elle reconnaît par là même que des liens de parenté peuvent exister entre un Français et un Étranger, ainsi que des rapports de paternité et de filiation. Il en résulte nécessairement que l'adoption est permise entre Français et Étrangers, puisque l'adoption a précisément pour but de créer entre deux personnes des rapports de paternité et de filiation que la loi admet dans l'espèce. Bien plus, les Étrangers étant maintenant admis à succéder en France, l'article 350 reçoit son application. Ces motifs sont concluants, et les progrès toujours croissants des relations internationales, leur donnent de jour en jour plus de poids. (Valette. *Explication sommaire* du livre I, Code civil, p. 414 : Demangeat, n° 80.)

M. Demolombe est d'un avis opposé; il fait remarquer qu'aux termes de l'article 12, la femme Étrangère qui épouse un Français, change de nationalité et devient Française; qu'aux termes de l'article 19 une femme française qui épouse un Étranger change de nationalité, et suit la condition de son mari : donc, presque toujours le mari, la femme et les enfants auront la même nationalité. Il n'en peut être différemment que dans le cas spécial où un Français se fait naturaliser en pays étranger, postérieurement à son mariage. Or, dit M. Demolombe, l'esprit de la loi qui veut que les membres d'une même famille aient la même nationalité, serait manifestement méconnu si des rapports de paternité et de filiation s'établissaient entre un Français et un Étranger.

Deuxième question. — Un Étranger peut-il être tuteur en France ?

Nous nous retrouvons encore en présence de deux solutions contraires soutenues par MM. Valette et Demolombe. M. Valette admet l'affirmative, en faisant remarquer que les relations de tutelle à pupille dérivent des relations de famille. Pourtant les deux savants auteurs sont d'accord pour reconnaître que la tutelle officieuse est impossible entre un Français et un Étranger.

SECTION IV

DROITS RÉELS

Le paragraphe 2 de l'article 3 reconnaît formellement aux Étrangers le droit d'être propriétaires de biens immobiliers situés en France, et cet article dit en même temps que ces biens seront régis par la loi française. M. Portalis s'exprime ainsi dans son exposé de motifs au Corps législatif : « La souveraineté d'un État, qui est indivisible, cesserait de l'être si les portions d'un même territoire pouvaient être régies par des lois qui n'émaneraient pas d'un même souverain. Il est donc de l'essence même des choses, que les immeubles, dont l'ensemble forme le territoire public d'un peuple, soient exclusivement régis par les lois de ce peuple, quoiqu'une partie de ces immeubles puisse être possédée par des Étrangers. »

Les conséquences de ce principe sont les suivantes :

Les immeubles possédés en France par un Étranger profitent activement, et sont grevés passivement de toutes les servitudes légales reconnues par notre Code Civil ou par des lois spéciales; ils peuvent être expropriés pour cause d'utilité publique après le payement de l'indemnité : ils sont transmis et acquis par les modes ordinaires : c'est la loi française qui détermine quels biens sont immeubles, et l'article 517 reçoit ici sa pleine application.

En un mot, la condition juridique de l'Etranger propriétaire d'immeubles en France, ou même

simplement usufruitier, est identique à la condition juridique d'un citoyen français.

SECTION V

DROITS PERSONNELS

I

Les Étrangers, en France, sont-ils soumis aux
lois étrangères qui règlent leur état et leur capacité?

Trois systèmes sont proposés :

Premier système. Les lois Étrangères ne sont
point applicables en France, parce que, légalement, nous ne les connaissons pas. Donc l'Étranger qui réside ou voyage simplement en France
est soumis à nos lois personnelles, pour tous les
actes qu'il peut faire avec un Français.

Deuxième système. L'Étranger, en France, est
soumis à la loi personnelle de son pays, de même
que le Français qui se trouve en pays étranger,
reste soumis à la loi personnelle française.

Troisième système. Ce système, soutenu par
M. Domolombe, est un compromis entre les deux
premiers systèmes, l'un et l'autre trop absolus.

« En règle générale, dit le savant auteur,

l'Étranger doit demeurer soumis, en France, à la loi personnelle de son pays, à moins que l'application de cette loi ne soit de nature à compromettre un intérêt français, soit public, soit privé. » (*Cours de Code civil*, t. I, p. 109, 4ᵉ édit.)

Voici quelques conséquences de ce principe que nous adoptons formellement :

Un Étranger, âgé de plus de dix-huit ans, veut contracter mariage en France ; bien qu'il remplisse toutes les conditions de consentement et d'âge exigées par nos lois, l'officier de l'état civil ne devra pas passer outre à la célébration du mariage si la loi personnelle du pays de cet Étranger n'autorise les hommes à se marier qu'à dix-neuf ans révolus. (Circulaire ministérielle du 4 mars 1831.)

Un Étranger, âgé de vingt-et-un ans, fait un testament et laisse à une personne quelconque ses biens situés en France. Le testament ne devra pas être exécuté si la loi personnelle du pays de cet Étranger ne reconnaît le droit de tester qu'aux personnes âgées de vingt-deux ans.

Dans ces deux exemples, on suivra la loi personnelle de l'Étranger, parce qu'il n'y a en jeu aucun intérêt français public ou privé. A l'inverse, l'officier de l'état civil devra également refuser de passer outre à la célébration du mariage d'un mahométan, déjà marié dans son pays où la polygamie est admise. Il y aurait là, en effet, une grave dérogation aux règles de la morale et de l'honnêteté publique.

— Un Étranger, régulièrement divorcé, aux termes des lois de son pays, peut-il contracter mariage en France, soit avec une Française, soit avec une Étrangère ?

Un grand nombre d'arrêts ont déclaré qu'un tel mariage était impossible, en se fondant sur les considérations suivantes : pour se marier en France, l'Étranger ne doit se trouver dans aucun des cas de prohibition prévus par la loi française ; le divorce n'est pas admis en France, et il y a là une atteinte à la morale publique.

M. Demolombe, qui pourtant n'est point partisan du divorce, ainsi qu'il le déclare dans le cours de sa discussion, pense que la doctrine de ces arrêts est très contestable, et la critique qu'il en fait équivaut, de la part de l'illustre maître, à la reconnaissance formelle de ce droit. Il fait d'abord remarquer que l'affirmative est la conséquence du système qu'il a adopté précédemment : dire que l'Étranger, pour se marier en France, doit être sous tous les rapports capable suivant la loi française, n'est-ce pas nier absolument le principe de l'application des lois personnelles de son pays à l'Étranger ? Quant à la question de morale publique, elle n'a rien à faire ici ; des nations civilisées, qui sont nos voisines, ont admis le divorce : notre législation elle-même l'a reconnu depuis 1792 jusqu'en 1816 ; sous la monarchie de Juillet et récemment encore de très bons esprits ont tenté de le rétablir en France !

Bien plus, des arrêts ont formellement reconnu, qu'un Français, légalement divorcé avant la loi de 1816 pouvait se marier ! « Eh bien ! ajoute M. Demolombe, n'est-ce pas reconnaître le principe même que nous défendons, à savoir : que le mariage est valablement dissous lorsque cette dissolution a été prononcée en vertu de la loi par laquelle il était régi. »

Enfin, dans une page éloquente, que nous ne pouvons nous empêcher de citer en entier, M. Demolombe examine la situation inextricable, pleine de périls et d'injustice, qui serait faite à certains enfants : « Que dirait-on, si le mariage de l'Étranger avait été dissous dans son pays, en vertu d'une autre cause, que nos lois n'admettraient pas non plus : pour cause d'impuissance naturelle, par exemple ? Si vous reconnaissez ce mode de dissolution, pourquoi nier le divorce ? Et si vous ne le reconnaissez pas, comment n'être pas effrayé de toutes les conséquences qui vont s'ensuivre ? Il faudra donc alors juger d'après nos lois françaises toutes les questions d'état relatives aux Étrangers, et les considérer comme bigames, bâtards, adultérins et incestueux, s'il arrive qu'un mariage valable d'après la loi étrangère, ne le soit d'après la nôtre ? Dans l'affaire jugée en 1843 par la cour de Paris, la première femme d'un Polonais divorcé s'était remariée en pays étranger ; est-ce que les enfants de cette union ne devraient pas être regardés, même chez nous, comme légitimes ? Est-ce que si ce Polonais se remariait en pays étranger, soit avec une Étrangère, soit même avec une Française, nous ne regarderions pas ce mariage comme légitime ? Eh ! vraiment, il le faudrait bien, sous peine de violer toutes les règles du droit international et de jeter, dans tous nos rapports avec les Étrangers, la plus inextricable confusion. Bien plus! si un tel mariage avait été célébré, même en France, est-ce qu'il serait possible d'en prononcer la nullité? Nous ne croyons pas en vérité que la doctrine que nous combattons voulût elle-même aller jusque là; et pourtant, si l'article 147 est applicable dans ce cas, l'article 184 doit l'être aussi nécessairement : et cet empêchement, s'il existe, ne saurait être que dirimant! » (*Cours de Code civil*, t. I, p. 113, 4ᵉ édition.)

II

Quelle est la condition juridique de l'Étranger sous le rapport des obligations?

Première hypothèse. — Un Français est créancier d'un Étranger.

Si l'Étranger n'exécute pas volontairement l'obligation contractée par lui, son créancier français pourra le traduire devant un tribunal français. L'article 14 est formel : peu importe d'ailleurs que l'obligation ait été contractée en pays étranger et que le débiteur ne réside plus en France. Le but de notre article a été de protéger nos nationaux.

A première vue, on pourrait croire que l'article 14 ne vise que le cas où un Étranger a fait un contrat avec un Français, et que cet article n'est pas applicable pour toutes les obligations qui se forment sans convention, c'est-à-dire qui naissent d'un délit, d'un quasi délit, d'un quasi contrat ou de la loi. Mais, dans la langue juridique le mot contracter n'a pas un sens très nettement déterminé, et ce serait méconnaître l'esprit de la loi que de lui donner ici un sens restrictif. Puisqu'un Français a le droit d'appeler devant un

tribunal français un Étranger qui a volontairement contracté avec lui, à plus forte raison a-t-il
le droit d'appeler devant le même tribunal l'É-
tranger qui s'est rendu coupable d'un délit envers
lui !

Mais, que décider dans le cas où le Français
est devenu créancier d'un Étranger parce qu'un
autre Étranger, créancier originaire, lui a cédé
sa créance ? Le Français pourra-t-il appeler le
débiteur devant un tribunal français ?

La question est controversée. M. Demangeat
soutient l'affirmative. La négative, qui nous paraît
plus logique, est soutenue par MM. Demolombe,
Aubry et Rau.

Deuxième hypothèse. — Un Étranger est
créancier d'un Français.

La réciprocité a été admise, et l'Étranger peut
citer son débiteur Français devant un tribunal
français. Toutefois, l'Étranger est tenu de donner
caution toutes les fois qu'il est demandeur, s'il
ne possède pas d'immeubles en France. Nous
étudierons cette caution *judicatum solvi* dans la
section suivante.

— Nous venons de parcourir rapidement toutes
similitudes qui existent entre la condition civile
des Étrangers et celle des Nationaux ; nous allons

examiner maintenant les différences entre la condition des uns et des autres, différences fondées sur ce fait, que les Étrangers n'ont pas de domicile en France.

SECTION VI

CONSÉQUENCES RÉSULTANT DE CE QUE L'ÉTRANGER
N'A PAS SON DOMICILE EN FRANCE

I

Une première conséquence qui résulte de ce que l'Étranger n'a pas son domicile en France, c'est que son état et sa capacité sont régis par la loi de son pays. Nous avons examiné plus haut le sens et la portée qu'il faut donner à ce principe. Dans notre ancien droit, on appliquait cette règle, que le statut en vigueur au lieu du domicile de la personne, devait régler seul tout ce qui concernait son état ou sa capacité, autrement dit, que la loi personnelle suit l'individu en quelque lieu qu'il se transporte. Le Code civil a adopté ce principe, ainsi qu'on peut s'en convaincre par la simple lecture de l'article 3. Mais, si le principe est incontestable et incontesté, il n'en est pas de même de son application qui donne lieu à controverse. La raison de douter, suivant l'opinion de

M. Demangeat (*Histoire de la condition civile des Étrangers en France*, p. 371) vient de ce qu'il y a dans le droit un grand nombre de cas où la question de capacité, qui est assurément régie par le statut personnel, se distingue à peine de la question de disponibilité qui est régie par le statut réel, sous l'empire des coutumes. Un débat célèbre s'engagea à ce sujet entre deux jurisconsultes éminents : Dumoulin et Dargentré. Suivant l'opinon de Dumoulin la coutume était territoriale ; son action ne s'étendait que sur son enclave, hormis les cas où la question de capacité était en jeu ; c'est alors à la loi d'origine qu'il faut s'en rapporter. Dargentré combattit énergiquement ce point de vue en soutenant que les règles relatives à la capacité avaient deux causes distinctes et différentes : suivant qu'elles étaient établies dans l'intérêt de l'idividu, ou suivant qu'elles étaient établies dans un but de conservation des biens, et modifiaient alors les droits d'administration ou de disposition du propriétaire.

L'honneur d'avoir clos ce débat revient à d'Aguesseau, qui repoussa absolument, dans son *cinquante-quatrième plaidoyer*, ce système d'un statut mixte : En effet, disait-il, si dans certains cas on reconnaît au statut un caractère de personnalité et de territorialité, il n'en est pas moins vrai que toujours un de ces deux caractères l'emporte sur l'autre, et décide en définitive de la nature du droit.

M. Demolombe (*Cours de Code civil*, t. I, p. 89, 4ᵉ édit.) enseigne la même doctrine : « Mais les effets si différents, si contraires même des deux statuts, ne permettent pas cette alliance (un statut mixte), cette confusion : il faut donc choisir ; et c'est dans le caractère prédominant de chaque loi, dans l'objet essentiel de sa préoccupation, dans son but final, en un mot, qu'il faut puiser les moyens de distinction. »

Conformément à cette grande autorité, nous pouvons donc résumer ainsi la question : quand une loi, relative à la fois à la personne et aux biens, a pour but final l'intérêt de la personne dont elle limite les droits, elle est personnelle ; quand, au contraire, elle a pour but final l'intérêt d'autrui, c'est-à-dire l'intérêt général, elle est réelle.

II

L'Étranger, qui n'a pas de domicile en France, n'a par conséquent aucun lien qui le rattache à notre sol : sa situation est donc essentiellement passagère, et le législateur a dû s'en préoccuper. On pourrait craindre en effet qu'un Étranger ne pût se soustraire aisément par la fuite aux

conséquences d'un jugement rendu par un tribunal français contre lui en faveur d'un de nos
nationaux. C'est cette considération qui a donné
naissance à la caution *judicatum solvi*, que nous
allons étudier.

L'article 16 est ainsi conçu : « En toutes matières, autres que celles de commerce, l'Étranger
qui sera demandeur, sera tenu de donner caution
pour le payement des frais et dommages-intérêts
résultant du procès, à moins qu'il ne possède en
France des immeubles d'une valeur suffisante
pour assurer ce payement. »

Nous avons à examiner trois questions : où la
caution doit-elle être domiciliée ? quels sont les
cas dans lesquels l'Étranger demandeur est dispensé de fournir caution ? l'Étranger est-il forcé
de fournir caution en appel ?

A. L'article 2018 exige trois conditions : il faut
que la caution ait la capacité de contracter ; qu'elle
ait un bien suffisant pour répondre de l'objet de
l'obligation ; qu'elle soit domiciliée enfin dans le
ressort de la Cour d'appel où elle doit être donnée. Ces règles sont-elles applicables dans notre
espèce ? Il ne saurait y avoir aucun doute en ce
qui concerne les deux premières conditions exigées par l'article 2018. Mais, faut-il exiger que la
caution soit domiciliée dans le ressort de la Cour

d'appel? Nous ne le pensons pas et nous nous rangeons à l'opinion de M. Marcadé, qui raisonne ainsi (*Explication du Code civil*, t. I, p. 110, 5ᵉ édition): « Qu'a voulu le législateur? que l'Étranger demandeur qui ne possède pas en France d'immeubles suffisants présente, pour répondre de lui, une personne qui en possède, et voilà tout; en quelque lieu que soit domiciliée la caution, pourvu, bien entendu que ce soit en France, le Français défendeur est sûr d'avoir l'indemnité qui pourra lui être due...... Si l'on veut combiner cette disposition (de l'art. 16) avec quelque autre, c'est bien moins à l'article 2018 qu'il faut se référer, qu'aux lois des 10 septembre 1807 et 17 avril 1832 lesquelles s'occupent, comme notre article, d'une caution à donner par l'Étranger, et pour des motifs tout à fait analogues; or, ces deux lois, la première par son art. 3, la seconde par son art. 16, demandent seulement une caution domiciliée en France. »

B. L'Étranger demandeur est dispensé de fournir caution dans six cas :

1° Quand il s'agit d'affaires commerciales, en raison de la promptitude avec laquelle il convient de les terminer. (Art. 16).

2° Quand il consigne une somme déterminée par le tribunal. (Art. 167, *Code de procédure civile*).

3° Quand il possède en France des immeubles suffisants pour assurer le recours que le Français défendeur peut exercer contre lui (art. 16);

4° Quand un traité passé entre la France et le pays d'un Étranger le dispense de fournir cette caution (art. 11) ;

5° Quand des traités permettent d'exécuter les jugements rendus par des tribunaux français dans le pays de l'Étranger;

6° Quand l'Étranger a été admis par le gouvernement français à jouir des droits civils en France (art. 13).

C. L'Étranger est-il tenu de fournir caution en appel? Deux hypothèses sont à examiner.

Première hypothèse.— L'Étranger était défendeur en première instance et il a succombé; il interjette appel. Qu'est-ce au fond que cet appel? Pas autre chose qu'un nouveau moyen de défense, une nouvelle voie pour repousser l'action qui lui a été intentée. Donc, il reste toujours défendeur, et on ne saurait logiquement lui imposer l'obligation de donner caution; ce serait méconnaître les termes et l'esprit de l'article 16 qui ne parle que de l'Étranger demandeur. (Limoges, 20 juillet 1832; Paris, 31 janvier 1835; Paris, 18 mai 1844.)

Deuxième hypothèse. — L'Étranger était demandeur en première instance ; nous nous trouvons en face de ce dilemme : ou il a donné caution, ou il n'a pas donné caution au début de l'instance.

S'il a donné caution, la caution n'est pas déchargée quand la cause vient en appel, puisque l'affaire n'est pas terminée.

S'il n'a pas donné caution, ou bien c'est parce que le défendeur a négligé de la demander, et alors une sorte de contrat tacite est intervenu entre les parties, contrat qu'on ne peut pas rompre ; ou bien c'est parce qu'il avait une cause légitime de dispense quand l'affaire vient en appel ; si l'Étranger demandeur peut encore invoquer sa cause de dispense, la caution ne sera pas exigée. Mais si la cause de dispense a cessé, alors, mais alors seulement, la caution peut être exigée. C'est le seul cas où elle puisse l'être.

III

L'Étranger qui n'a pas son domicile en France ne jouit pas du bénéfice de l'article 59 du Code de procédure civile : *actor sequitur forum rei*, et le demandeur français assignera valablement un Étranger défendeur devant le tribunal de son propre domicile.

IV

Enfin, avant la loi du 27 juillet 1867, deux lois, la loi du 10 septembre 1807 et la loi du 17 avril 1832, autorisaient le créancier Français à requérir contre le débiteur Étranger une contrainte par corps exceptionnelle, sans que l'Étranger pût s'y soustraire par la cession de ses biens, conformément à l'art. 905 du Code de procédure civile.

Depuis 1867, cette garantie a disparu et les Étrangers sont traités désormais, en ce qui concerne la contrainte par corps, de la même manière que les Français. (Art. 1, loi du 27 juillet 1867.)

CHAPITRE II

ASSIMILATION DES ÉTRANGERS AUX FRANÇAIS SANS CONCESSION DU TITRE DE NATIONAL

Une législation qui ne connaîtrait d'autre mode d'assimilation que l'assimilation par concession du titre de National, serait nécessairement incomplète. En effet, si l'Étranger qui habite ou voyage dans un pays autre que le sien a le droit de réclamer aide et protection au nom de l'humanité, chaque nation a le droit et le devoir de sauvegarder avant tout les intérêts et la tranquillité de ses Nationaux; or, si dans une législation la seule assimilation possible était l'assimilation avec titre de National, le peuple gouverné par une telle loi se trouverait dans l'alternative embarrassante, ou de se montrer avare de cette concession au grand détriment des droits de l'humanité et des progrès de la civilisation, ou de s'en montrer prodigue et de compromettre alors sa dignité et sa sincérité en avilissant le titre précieux de National.

Il était donc nécessaire de créer, entre la condition de l'Étranger et celle du National, une situation intermédiaire capable de sauvegarder l'autonomie des peuples, assez libérale cependant pour assurer aux Étrangers, non seulement la tranquillité, mais encore certains avantages ; en un mot, dans toute législation, l'Étranger doit pouvoir acquérir la jouissance des droits civils sans obtenir pour cela le titre de National. La nécessité impérieuse d'une telle solution se fait sentir surtout en France, pays de démocratie et de suffrage universel, où la qualité d'électeur donne au titre de citoyen une importance toute nationale. Nos lois se sont inspirées de ces idées, et elles ont établi dans les modes d'assimilation divers degrés qui permettent de conférer à un Étranger la jouissance de nos droits civils, sans cependant lui donner le titre de National. Ainsi, l'Étranger voyageur qui traverse la France pour son plaisir ou pour ses affaires, est efficacement protégé par nos lois ; s'il a l'intention de s'établir en France et d'y fixer son domicile, plusieurs moyens lui sont offerts, en premier lieu pour obtenir la jouissance de certains de nos droits qui sont en général refusés à un Étranger ordinaire, en second lieu pour le soustraire à certaines lois exceptionnelles. Enfin, si ce même Étranger veut abdiquer sa nationalité et devenir Français, il le peut, s'il a des droits à ce titre et s'il en est digne.

Nous n'avons à nous occuper dans ce chapitre

que des Étrangers assimilés aux Français sans concession du titre de National, c'est-à-dire des Étrangers autorisés à fixer leur domicile en France par notre gouvernement, et des Étrangers appartenant à un pays avec lequel la France a signé un traité qui détermine la condition juridique en France des citoyens de ce pays.

SECTION I

ASSIMILATION PAR TRAITÉS

Ce mode d'assimilation, qui était inconnu des Grecs, fut au contraire d'un emploi fréquent à Rome. L'étude que nous avons faite du *Jus civitatis*, du *Jus Latii*, du *Jus italicum*, nous permet de conclure que c'est grâce à l'emploi progressif et intelligent de ce mode que les Romains sont parvenus à s'assimiler l'Italie d'abord, le monde entier ensuite.

L'article 11 de notre Code concerne le principe du droit Romain ; sans doute le législateur de 1804 s'est inspiré de l'ancienne législation Romaine, mais c'est surtout dans notre droit féodal que nous trouvons les fondements, en quelque sorte, du système adopté chez nous. L'examen des *droits de parcours* et *d'entrecours*, l'étude des lettres patentes octroyées par les rois de France, les nombreux traités conclus avec presque tous les peuples de l'Europe dans le but de modifier ou d'abolir le droit d'aubaine, tout cet ensemble de documents nous prouve surabondamment que notre article 11 n'a fait que consacrer une doctrine déjà ancienne en France : la doctrine du principe de réciprocité diplomatique. Nous n'avons pas à revenir ici sur l'étude de l'article 11 non plus que sur l'examen de la loi de 1819 : nous avons traité ce point dans le chapitre Ier, section IIe.

Résumons seulement la question en disant que les traités ont toujours pour effet de faire acquérir à l'Étranger les rares droits civils qui lui manquent, et de le soustraire aux lois exceptionnelles auxquelles il est soumis.

Il est inutile d'ajouter que les traités ne sauraient modifier l'état et la capacité de l'Étranger : cela est d'évidence.

SECTION II

ASSIMILATION PAR AUTORISATION DE DOMICILE

I

Il faut rechercher l'origine de ce mode d'assimilation dans les dispositions du droit germanique où l'autorisation était inspirée par des considérations d'équité. L'Étranger, le *Warganeus*, n'était alors l'objet de la défiance générale que parce qu'il n'offrait aucune garantie, et qu'il était pour ainsi dire en dehors de l'organisation sociale ; mais que cet Étranger trouve des garants, qu'il entre dans un système de garantie réciproque, et aussitôt, il devient, non plus un suspect, mais une sorte d'ami ! Il peut librement établir son domicile dans un pays autre que le sien ; non seulement il sera protégé, mais il jouira des droits civils. Il n'y avait pas, en ces temps anciens, de pouvoir régulièrement constitué et fonctionnant comme de nos jours ; c'était donc le simple citoyen qui, en accueillant un Étranger sous son toit et en se portant son garant, lui conférait l'autorisation de domicile. L'État remplace aujourd'hui l'association ; il a pour mission principale de veiller sur les intérêts de tous, c'est donc le gouvernement, qui représente l'État, qui a le droit d'autoriser l'Étranger à établir son domicile en France, après avoir vérifié les garanties qu'il présente.

Au point de vue des effets produits, l'assimilation par autorisation de domicile et l'assimilation par traités sont identiques ; mais ces deux modes se distinguent nettement par leur caractère général : l'assimilation par autorisation de domicile constitue une concession particulière, individuelle, s'appliquant à une personne déterminée :

elle a un caractère spécial. L'assimilation par traités, au contraire, constitue une concession collective, s'appliquant à tous les membres d'une même nation ; elle a un caractère général.

Toute cette matière est reglée par l'art. 13 ainsi conçu : « L'Étranger qui aura été admis par l'autorisation du Président de la République à établir son domicile en France, y jouira de tous les droits civils, tant qu'il continuera d'y résider. »

Deux considérations ont motivé cet article 13. Nous avons dit plus haut que si l'Étranger était privé de la jouissance de certains droits civils, c'était uniquement parce qu'il n'avait pas de domicile en France ; il est donc tout naturel de le faire rentrer dans le droit commun, dès qu'il est autorisé par le Président de la République à avoir un domicile en France. En second lieu, aux termes de l'art. 3 de la Constitution du 22 frimaire an VIII, l'Étranger qui voulait se faire naturaliser Français était soumis à un stage politique de dix ans, et pendant ce laps de temps il ne jouissait d'aucun des droits civils que la loi refuse aux Étrangers. C'est pour éviter cet inconvénient propre à détourner les Étrangers de notre pays, que l'art. 13 a concédé la jouissance de tous nos droits civils à l'Étranger autorisé à établir son domicile en France. — (Rapport du tribun Gary.)

II

Mais l'Étranger, dûment autorisé par le Président de la République, acquiert-il en France un véritable domicile?

C'est une question très vivement controversée; elle a donné lieu à trois systèmes que nous allons successivement passer en revue.

Premier système. — L'Étranger, même régulièrement autorisé, ne peut avoir de domicile en France.

En effet, les principes qui dominent toute la théorie du domicile en droit français, peuvent se généraliser ainsi : une personne n'acquiert pas de domicile dans un lieu quand elle ne fait qu'y demeurer passagèrement et accidentellement; ce qui détermine le domicile, c'est la volonté d'une personne de s'établir définitivement dans un endroit, d'une manière pour ainsi dire perpétuelle. Or, dans l'espèce, on ne pourra jamais dire qu'un Étranger a l'intention de s'établir perpétuellement en France, car il est sinon impossible, du moins très difficile de supposer que jamais il ne retournera dans son pays. (Art. 102.)

Deuxième système. — Un Étranger peut très bien avoir son domicile en France, même indépendamment, de l'autorisation du Président de la République. En effet, que dit l'art. 102? Que tout Français a son domicile où il a son principal établissement; or, qui donc empêche un Étranger d'avoir en France son principal établissement, et par suite son domicile? Qu'on n'objecte pas que les termes de l'art. 102 sont restrictifs et s'appliquent aux seuls Français! Sans doute, cet article s'applique aux Français, mais c'est pour deux raisons : d'abord parce que la loi n'a voulu définir que le domicile du Français, ensuite parce qu'elle voulait faire entre le domicile civil et le domicile politique une distinction tout à fait inapplicable à l'étranger! Cette théorie enseignée par M. Proudhon a été adoptée par M. Valette : elle se rattache à un système d'après lequel un Étranger non domicilié, mais établi en France d'une façon définitive, et sans esprit de retour, serait dans une situation mixte qu'on pourrait appeler *incolat*. En cet état, sa capacité personnelle serait régie par la loi française. « Le domicile, dit M. Proudhon, est la seule marque distinctive de l'association civile ; or, l'Étranger cesse d'être membre de celle à laquelle il appartenait, lorsqu'il transporte son domicile dans un autre pays ; il doit donc acquérir les droits civils dans ce pays, car il ne peut être sans patrie. » (Valette sur *Proudhon*, t. I, p. 294, note *a*; — Duranton, t. I, p. 353. — Cassation, 24 avril 1827 et 17 juillet 1853).

Ce système nous semble inadmissible. Pourquoi l'Étranger qui a perdu sa patrie et qui n'a pas fait le nécessaire pour en acquérir une autre, en aurait-il cependant une? et comment peut-on concevoir qu'il puisse en avoir deux? être moitié Étranger et moitié Français !

Troisième système. — L'Étranger peut avoir son domicile en France, mais à la condition formelle d'avoir obtenu une autorisation du Président de la République.

Ce système, qui nous paraît devoir être adopté, est consacré par un avis du Conseil d'Etat du 20 prairial an XI, rendu précisément à l'époque où ces avis complétaient la législation.

« Le Conseil d'État, consulté, est d'avis que dans tous les cas où un Étranger veut s'établir en France, il est tenu d'obtenir la permission du Gouvernement, etc. »

Cette question présente à un autre point de vue une grande importance, car si l'on admet que l'Étranger peut sans autorisation acquérir de fait une propriété en France, on doit logiquement en conclure qu'il peut aisément se soustraire aux lois exceptionnelles auxquelles il était assujetti, et même acquérir certains avantages attachés au domicile. (Demolombe.)

III

A l'inverse, l'autorisation accordée par le Président de la République peut être tacite et résulter simplement des circonstances, toutes les fois qu'il ne peut y avoir aucun doute sur l'intention du gouvernement français. C'est ainsi que la Cour de Paris a jugé le 11 octobre 1827 qu'un Étranger nommé professeur est censé avoir été autorisé à établir son domicile en France, et peut par conséquent être poursuivi devant les tribunaux français par son créancier étranger.

Il y aura évidemment autorisation tacite du gouvernement français toutes les fois qu'un Étranger sera nommé en France à une fonction administrative.

IV

Les effets de l'autorisation sont-ils personnels à l'Étranger lui-même ? S'étendent-ils à sa femme, à ses enfants nés ou conçus soit avant, soit depuis l'autorisation accordée ?

Zachariæ enseigne l'affirmative, en argumentant

de l'article 12 qui veut que la femme Étrangère qui épousera un Français devienne Française. Il ne s'agit là, dit-il, que de leur conférer un avantage et nullement de les dénationaliser ! M. Demolombe pense au contraire que les effets de l'autorisation sont personnels : « Cette opinion dit-il, n'a pas d'inconvénient, puisque si l'Étranger désire l'autorisation pour toute sa famille, il lui est loisible de la demander ; et elle a de plus l'avantage de ne pas étendre de plein droit, à sa femme et à ses enfants, l'effet d'une autorisation qu'il n'a demandée et obtenue que pour lui-même. En ne la demandant pas aussi pour sa famille, il a pu avoir ses motifs ; il a pu craindre de l'exposer, dans son pays, à quelque défaveur, à quelque déchéance, peut-être. » (*Cours de Code civil*, t. I, p. 426, 4ᵉ édition.)

Cette dernière opinion nous semble préférable.

Nous déciderons de même, contrairement à l'opinion de M. Marcadé (*Explication du Code civil*, t. I, p. 101) que les effets de l'autorisation de domicile ne s'étendent pas aux enfants nés après l'autorisation.

V

L'Étranger qui veut établir son domicile en France doit adresser une demande au maire de la commune où il désire habiter. Il joindra à sa demande tous les renseignements relatifs à sa personne, à sa famille, à ses moyens d'existence. Le maire transmet la demande, par l'intermédiaire du sous-préfet, au ministre de la Justice qui statue et demande la signature du Président de la République.

A côté de ces formalités en quelque sorte matérielles, il est bien évident que la première condition exigée pour obtenir l'autorisation, c'est que l'Étranger fixe effectivement son domicile en France, par le fait d'une habitation réelle.

VI

Il nous reste maintenant, pour terminer cette matière, à étudier comment et dans quels cas l'Étranger perd le bénéfice de l'autorisation de domicile qui lui avait été concédée.

Aux termes de l'article 3 de la loi du 3 décembre 1849, l'autorisation accordée à l'Étranger, d'établir son domaine en France, pourra toujours être révoquée ou modifiée par décision du gouvernement, qui devra prendre l'avis du Conseil d'État. Lors de la discussion de cette loi, M. Wolowski avait proposé de dire : « sur l'avis *conforme* du Conseil d'État. » M. de

Montigny, rapporteur, combattit en ces termes l'amendement proposé et qui fut rejeté : « Le droit de révoquer l'autorisation accordée à l'Étranger d'établir son domicile en France appartient essentiellement au pouvoir exécutif. Il tient à la haute police de l'État, et, à l'égard de cette nature de droit, il est contraire à tous les principes de vouloir subordonner l'action du pouvoir exécutif à la volonté du Conseil d'État. Qu'on l'oblige à consulter le Conseil d'État, à prendre son avis, rien de plus naturel; mais il faut laisser son action libre, sans cela il ne serait pas à même de pourvoir à la sûreté de l'État. »

Ainsi donc, par une disposition éminemment sage de la loi, l'Étranger autorisé par le Président de la République à établir son domicile en France, peut toujours se voir retirer cette autorisation : il y a là une différence bien caractéristique entre l'Étranger domicilié et le Français : la jouissance des droits civils attachés à la qualité de Français constitue pour le National un droit qui ne peut lui être enlevé qu'en vertu d'une disposition formelle de la loi, par exemple en application des articles 17 et suivants du Code civil. Pour l'Étranger, au contraire, la jouissance des droits civils constitue une faveur, faveur toute précaire et essentiellement révocable. Il suit de là que l'autorité judiciaire n'a pas à intervenir pour retirer l'autorisation qui a eté accordée à l'Étranger ; mais il va sans dire que cette autorité est compétente pour vérifier si toutes les conditions auxquelles la loi subordonne les effets de l'autorisation ont été remplies.

L'article 13 dit formellement que l'Étranger qui avait été autorisé à établir son domicile en France y jouira de tous les droits civils tant qu'il continuera d'y résider. Rien de plus sage que cette disposition de la loi, mais il ne faut pas lui donner un sens par trop rigoureux : « une absence momentanée, un voyage accidentel même dans son pays ne suffiraient pas pour faire perdre à l'Étranger son domicile en France ; la loi doit être entendue dans un sens raisonnable ; et elle n'a pas pu vouloir défendre toute espèce de déplacement. » (M. Demolombe, *Cours de Code civil*, t. I, p. 426, 4ᵉ édition.)

SECTION III

CONDITION DE L'ÉTRANGER AUTORISÉ PAR LE PRÉSIDENT DE LA RÉPUBLIQUE OU PAR LES TRAITÉS A ÉTABLIR SON DOMICILE EN FRANCE.

En principe, l'Étranger autorisé jouit en France des mêmes droits civils que les Français (art. 13).

I

L'Étranger domicilié en France avec autorisation peut acquérir par succession, donation ou legs. Depuis la loi du 14 juillet 1819 ce droit est accordé à tous les Étrangers sans distinction, mais avant cette époque, l'Étranger autorisé était, en cette matière, assimilé aux Français, d'après les dispositions mêmes du Code civil.

II

L'Étranger autorisé n'est soumis à la contrainte par corps que dans les cas où les Français eux-mêmes y sont soumis. C'est encore là une application du principe de l'article 13, devenu inutile depuis la loi du 22 juillet 1867.

III

L'Étranger autorisé jouit de bénéfice : *actor sequitur forum rei* et est en tous les cas dispensé de fournir la caution *judicatum solvi*. Mais l'Étranger autorisé peut-il, comme le Français, exiger la caution *judicatum solvi* d'un Étranger ordinaire demandeur? La question est controversée; M. Coin Delisle soutient la négative en faisant remarquer que ce droit constitue un privilège exorbitant et rigoureux dont l'exercice doit être réservé aux seuls Français. (En ce sens voir trois arrêts : Douai 7 mai 1828, Paris 8 janvier 1831, Paris 21 mars 1842.)

L'opinion contraire, qui d'ailleurs nous paraît devoir être adoptée, est soutenue par M. Pardessus (*Cours de Droit commercial*, t. V, n° 1528), et par M. Demolombe (*Cours de Code civil*, t. I, n° 266, 4ᵉ édition). On fait remarquer en effet que l'autorisation de résider en France est un premier pas vers la naturalisation; que presque toujours cette autorisation est demandée par des individus qui ont l'intention de transporter en France, non seulement leur habitation, mais encore le siège de leur fortune, et qu'enfin la loi française est tenue de protéger les intérêts des Étrangers autorisés, contre les demandes d'individus complètement étrangers à la France.

IV

L'Étranger autorisé peut adopter ou être adopté, à la condition de n'en être pas empêché par la loi personnelle de son pays.

V

L'Étranger autorisé peut-il être tuteur? M. Zachariœ ne le pense pas, parce que, suivant lui, le droit d'être tuteur ou même de faire simplement partie d'un conseil de famille, n'est qu'une dépendance de l'état politique. M. Demolombe (*Op. cit.*, n° 267) se range timidement à l'opinion de M. Zachariœ, après avoir admis cependant que l'Étranger peut adopter ou être adopté; au reste l'éminent commentateur ne soutient que très faiblement son opinion, car il reconnaît « que l'affirmative serait souvent, dans ce cas, plus désirable encore que dans tous les autres ».

VI

L'Étranger autorisé peut-il être arbitre ? En ce qui concerne l'arbitrage forcé, la question ne présente plus d'intérêt depuis la loi du 17 juillet 1856. En ce qui concerne l'arbitrage volontaire, nous croyons qu'un Étranger, même autorisé à établir son domicile en France, ne peut en remplir les fonctions : en effet, en faisant une instruction, en donnant date certaine à ses procès verbaux, l'Étranger exercerait une véritable fonction politique ce qui est contraire à nos principes juridiques (Dalloz, *Droits civils*, t. II, ch. II, sect. III, § 403).

VII

Nous avons dit que le gouvernement français se réservait toujours le droit d'expulser de France un Étranger ; mais certaines garanties le protègent contre l'exercice arbitraire de ce droit. La loi du 3 décembre 1849 a mis fin à la controverse qui s'était élevée sur le point de savoir si l'Étranger autorisé à résider en France pouvait être expulsé du territoire comme un simple Étranger non autorisé.

L'Étranger ordinaire pourra être expulsé du territoire sur l'ordre du ministre de l'intérieur ou sur l'ordre des préfets des départements frontières (articles 7-20). Quant à l'Étranger autorisé, il ne pourra être expulsé que sur l'ordre du gouvernement français, le conseil d'Etat entendu (article 3.)

VIII

Nous avons étudié dans les paragraphes qui précèdent l'ensemble des droits accordés à l'Étranger autorisé, et qui ont pour effet de l'assimiler dans une large mesure au Français ; mais malgré la généralité des termes de l'article 13, il est quelques-uns de nos droits civils que l'Étranger autorisé ne peut exercer : ce sont les droits qui sont attachés spécialement à la qualité de Français.

Nous allons les passer rapidement en revue. En premier lieu, l'autorisation ne peut avoir pour effet de rendre Français ceux qui l'obtiennent ; en conséquence, l'Étranger domicilié reste toujours Étranger, et ses enfants également Étrangers, sauf pour eux à réclamer, s'ils y ont droit, le bénéfice de l'article 9. Ce point, autrefois controversé, ne peut plus l'être depuis la loi du 7 février 1851. (Conf. Delvincourt, t. I, p. 189 ; Dalloz, *Droits civils des Étrangers, domicile* ; Demolombe, *Op. cit.*, n° 266, 3°.) De même, l'Étranger ne pourrait être témoin dans un acte notarié (art. 9, loi du 25 ventôse an XI), ni exercer la profession d'avocat, parce que ces droits sont certainement réservés aux seuls Français. (Demolombe, *Op. cit.*, n° 267 ; conseil de l'ordre des avocats de Marseille, 12 août 1840.)

IX

Les lois personnelles d'un Étranger, ç'est-à-dire celles qui règlent son état et sa capacité, lui sont-elles applicables quand il a obtenu l'autorisation d'établir son domicile en France ?

M. Demangeat (*Histoire de la condition civile*

des Étrangers en France, p. 414) enseigne que, par cela seul que l'Étranger demande à établir son domicile en France, il est censé se soumettre à toutes les lois civiles applicables aux Français ; suivant lui, il y a un rapport intime entre le domicile d'une personne et le statut qui régit son état et sa capacité ; d'ailleurs, la participation de l'Étranger aux avantages de la loi civile, ne l'oblige-t-elle pas à en subir l'entière application ? M. Demolombe, tout en admettant que l'Étranger domicilié demeure soumis aux lois de son pays, apporte à ce principe des restrictions qui atténuent singulièrement la portée de la règle.

Nous croyons que l'acquisition d'un domicile en France, ne faisant pas acquérir à l'Étranger la qualité de Français, le laisse membre de la nation qui est la sienne, d'où la conséquence que son état et sa capacité sont régis par la loi personnelle de cette nation. Un arrêt de la cour de Paris (12 juin 1814) confirme cette doctrine et décide qu'un religieux, entré dans les ordres et incapable dans son pays de contracter mariage, ne pourra se marier en France. Relativement à la succession mobilière d'un Étranger domicilié, il faut appliquer la même règle, et M. Demolombe l'enseigne lui-même (*Op. cit.*, n° 268 *bis*). Cette doctrine a été confirmée par la cour de cassation (7 novembre 1826).

CHAPITRE III

CONSIDÉRATIONS GÉNÉRALES SUR LA NATIONALITÉ ET LA NATURALISATION

SECTION I

DE LA NATIONALITÉ

Le mot Nationalité, d'un usage si fréquent aujourd'hui, n'existe pas depuis longtemps dans la langue française; c'est dans l'édition de 1835 qu'il a figuré pour la première fois au dictionnaire de l'Académie. L'apparition de ce mot coïncide avec le changement profond qui s'est opéré en France après le renversement de la monarchie traditionnelle et l'avènement de la démocratie.

De nos jours, la Nationalité a pris un caractère nouveau : ce n'est plus comme autrefois le lien d'allégeance et de sujétion à la personne d'un souverain : c'est l'expression, pour ainsi dire, de la solidarité nationale. Nous ne saurions comprendre qu'un individu n'appartînt à aucune nation, qu'il fût sans patrie. Mais, si nous posons en principe qu'un homme doit nécessairement avoir une patrie, nous sommes conduits à conclure qu'il ne peut en avoir qu'une. Enfin, la liberté est imprescriptible ; nul n'est tenu de faire partie, malgré lui, d'une nation dont il désapprouve la tendance et l'esprit : il y a là plus qu'une question d'équité, il y a une question de rapports internationaux ; car toutes les nations sont intéressées à voir augmenter le nombre de leurs habitants ; c'est pour elles un élément de grandeur et de prospérité. Nous pouvons donc conclure en ces trois propositions :

Tout homme doit posséder une nationalité ;

N'en avoir qu'une ;

Pouvoir la changer.

(Conf. M. George Cogordan, *La Nationalité au point de vue des rapports internationaux*, ch. I. Paris, Larose, 1879.)

SECTION II

DE LA NATURALISATION

La Naturalisation est le moyen pour un individu de changer de nationalité. En France, il y a deux sortes de naturalisation : la naturalisation par bienfait de la loi, et la naturalisation proprement dite.

La naturalisation par bienfait de la loi a un caractère tout différent de la naturalisation proprement dite : la première est un droit, la seconde une faveur. Ces deux espèces de naturalisation diffèrent, non seulement quant à leur nature, mais ainsi quant aux modes à employer pour les obtenir, et même quant à la preuve. L'Étranger, naturalisé par le gouvernement, en fera la preuve en produisant ses lettres de naturalisation ; au contraire, l'Étranger devenu Français par le bienfait de la loi n'a aucune lettre de naturalisation à présenter : si on lui conteste sa qualité, il a pour la faire reconnaître les règles du droit commun. Cependant, pour éviter une procédure toujours longue et coûteuse, le gouvernement, après avoir pris ses informations, délivre quelquefois à un Étranger devenu Français par le bienfait de la loi, des lettres dites de *naturalité* ou de *déclaration* qui doivent en tout cas être soigneusement distinguées des lettres de naturalisation. Cette distinction, nettement établie par un arrêt de Cassation du 4 mai 1836, a été consacrée dans la pratique par la circulaire ministérielle du 13 juillet 1844 : « L'Étranger qui, en temps utile, a rempli les conditions imposées par la loi, peut sans le secours des lettres de naturalité, se prévaloir de la qualité de Français, sauf à lui, en cas de contestation, à se pourvoir devant les tribunaux pour qu'il soit statué sur la question d'État. »

On devient Français par le bienfait de la loi de trois manières : par la naissance, par le mariage et par la faveur que la loi accorde à un Français, qui a perdu cette qualité et qui peut la recouvrer.

Enfin, en dehors de ces deux naturalisations, un Étranger peut encore devenir Français par la cession d'un territoire à la France.

CHAPITRE IV

NATURALISATION PAR LE BIENFAIT DE LA LOI

Nous étudierons dans ce chapitre les différents cas dans lesquels l'Étranger peut réclamar la qualité de Français en invoquant la loi. L'étude de cette matière fera l'objet de quatre sections :

1° Privilège attaché à la naissance sur le sol français.

2° Privilège attaché à la qualité d'ancien Français.

3° Privilège de la femme Étrangère qui épouse un Français. — Privilège des enfants nés en France de père et mère inconnus.

4° Privilège des enfants nés hors de France de parents français. — Aperçu sommaire sur les législations Étrangères.

SECTION I

PRIVILÈGE ATTACHÉ A LA NAISSANCE SUR LE SOL FRANÇAIS. — ARTICLE 9, CODE CIVIL. — LOI DU 22 MARS 1846. — LOI DU 7 FÉVRIER 1851. — LOI DU 14 DÉCEMBRE 1874.

I

Dans notre ancien droit, la nationalité s'acquérait *jure soli* et *jure sanguinis*. La nationalité des parents ainsi que la naissance fixaient également la nationalité de l'enfant. Etait Français tout enfant né d'un Français, en quelque lieu que ce fût, et tout enfant né en France, quels que fussent ses auteurs. Cette doctrine, qui rattache la nationalité de l'homme aux lieux qui l'ont vu naître, est encore suivie dans plusieurs pays, notamment en Angleterre, en Danemark, en Portugal et dans la plupart des États des deux Amériques. Nous reviendrons sur cette question dans la section IV de ce chapitre.

Malgré sa fureur d'innovations, le droit intermédiaire consacre cette doctrine : « Sont Français, dit la Constitution du 3 septembre 1791, ceux qui nés en France d'un père Étranger ont fixé leur résidence dans le royaume. » La Constitution du 14 juin 1793 exagéra encore le principe et admit à l'exercice des droits de citoyen « tout Étranger âgé de vingt ans accomplis qui, domicilié en France depuis une année, y vivait de son travail ou acquérait une propriété, ou épousait une Française, ou adoptait un enfant, ou nourrissait un vieillard, ou enfin qui était jugé par le Corps législatif avoir bien mérité de l'humanité ».

La Convention prodigua la qualité de Français aux Étrangers avec une telle libéralité qu'il devint nécessaire de modifier la législation : et cette libéralité même provoqua une réaction qui eut pour effet de modifier sensiblement les anciens principes.

Lors de la discussion du projet de loi sur la jouissance des droits civils, M. Tronchet fit observer : « que le projet de loi en question ne se prononçait pas sur la nationalité de l'enfant né en France d'un père Étranger, et que cependant la faveur de la population avait toujours fait regarder ces individus comme Français, pourvu que, par une déclaration, ils exprimassent la volonté de l'être ». (Séance du 6 thermidor an IX.) M. Boulay ajouta qu'on pouvait d'autant moins refuser les droits civils au fils de l'Étranger lorsqu'il naissait en France, que la Constitution du 22 frimaire an VIII lui reconnaissait l'exercice des droits politiques. Le Premier Consul, qui présidait la séance, se plaçant à un point de vue pratique, fit observer : « que si les individus nés en France d'un père Étranger n'étaient pas considérés comme étant de plein droit Français, on ne pourrait alors soumettre à la conscription et aux autres charges publiques les fils de ces Étrangers qui s'étaient établis en grand nombre en France, où ils étaient venus comme prisonniers ou par suite des événements de la guerre. C'était l'intérêt de la France de les admettre au rang de Français. » Il proposa en conséquence la rédaction suivante, qui fut adoptée : « Tout individu né en France est Français. » (Séance du 11 frimaire an X : 2 décembre 1801.)

Au Tribunat, M. Siméon, rapporteur de la commission, combattit vivement cette rédaction : « En Angleterre, disait-il, l'enfant qui y naît est généralement sujet du Roi : cela ressent la féodalité, cela n'est point à imiter... Si chaque nation fait une telle déclaration, nous perdrons autant de Français que nous en gagnerons. » (Séance du Tribunat du 25 frimaire an X : 10 décembre 1801.) Au Corps législatif, M. Boulay, orateur du gouvernement, avait soutenu le projet en ces termes : « C'est par les distinctions de territoire que l'on distingue le plus généralement les nations. C'est donc se conformer à la nature des choses que de reconnaître la qualité de Français dans celui-là même qui n'a d'autre titre à cette qualité que d'être né sur le sol français. » Le Tribunat ayant refusé de voter le projet du gouvernement, une transaction devint inévitable. Cette transaction eut pour conséquence de poser la doctrine de l'article 9 : cet article n'est, en définitive, qu'un moyen terme entre les deux opinions extrêmes : l'enfant né en France d'un Étranger est Étranger comme son père, mais il peut devenir Français par le bienfait de la loi : quant à l'Étranger qui n'est pas né en France, il ne peut acquérir la qualité de Français que par la naturalisation.

II

Étudions maintenant les différents cas dans lesquels l'art. 9 est applicable. Cet article est ainsi conçu : « Tout individu né en France d'un Étranger pourra, dans l'année qui suivra l'époque de sa majorité, réclamer la qualité de Français, pourvu que, dans le cas où il résiderait en France, il déclare que son intention est d'y fixer son domicile, et que, dans le cas où il résiderait en pays Étranger, il fasse sa soumission de fixer en France son domicile et qu'il l'y établisse dans l'année à compter de l'acte de soumission. »

On peut se demander si le bénéfice de l'art. 9, peut être invoqué par les enfants naturels? Très certainement oui, car la loi ne distingue pas, et l'expression *individu* qu'elle emploie à dessein ne doit laisser aucun doute à cet égard. Nous appliquerons le même principe relativement aux enfants légitimés. Mais si tout le monde est d'accord pour admettre cette proposition, il n'en est pas de même quand il s'agit d'un enfant, soit légitime soit naturel, conçu en France et né en pays Étranger. Un tel enfant peut-il réclamer le bénéfice de l'art. 9 ? Dans un premier système, soutenu par M. Richelot (t. I, p. 115), on admet l'affirmative, en se fondant sur la généralité absolue de la règle : « *Infans conceptus pro nato habetur, quoties de commodis ejus agitur.* » Toutefois, la négative nous semble bien plus logique. Si le législateur facilite à l'enfant né en France l'acquisition de la qualité de Français, c'est parce que la nature met toujours dans le cœur de l'homme un sentiment d'affection pour la terre qui l'a vu naître. Mais l'unique circonstance de la conception en France n'offre aucune garantie de patriotisme, et d'ailleurs comment constater un fait aussi obscur que la conception? (Conf. MM. Duranton, Marcadé et Demolombe, *op. cit.* n° 164.)

III

Avant d'examiner successivement certaines hypothèses qui se rapportent à l'application de l'article 9, il faut rechercher en quoi consiste le bénéfice de l'article 9. M. Demolombe pose ainsi la question : L'individu, après avoir fait les déclarations prescrites, ne devient-il Français que *ut ex nunc* et seulement pour l'avenir; ou devient-il, au contraire, Français *ut ex tunc*, comme dès le jour de sa naissance et rétroactivement?

Deux systèmes ont été proposés.

Premier système. — Le bénéfice de l'article 9 a un effet rétroactif, et l'enfant qui l'invoque doit être considéré comme Français depuis l'époque de sa naissance. Merlin fait en effet remarquer que l'enfant né en France d'un Étranger a un droit tout particulier à la protection des juges nationaux, car il n'est pas seulement habile à devenir Français : il est déjà un Français commencé. (Merlin, *Legitimité*, sect. IV, § 3.)

Toullier, également partisan de ce système, invoque à son tour les raisons suivantes : « Le mot *réclamer* dont se sert le législateur dans l'article 9, indique la conservation d'une qualité donnée par la naissance sous condition suspensive, tandis que le mot *recouvrer* employé dans les articles 10, 18 et 19 indique une qualité perdue. Or, comme la loi nous dit que c'est seulement dans les hypothèses prévues par les articles 10, 18 et 19, qu'il n'y a pas de rétroactivité, nous sommes amenés à conclure que dans l'hypothèse prévue par l'article 9, il y a rétroactivité. » (Valette, *Explication sommaire*, p. 10 et 11. — Cassat. 19 juillet 1848, 11 décembre 1847.)

Second système. — Le bénéfice de l'article 9 n'a pas d'effet rétroactif. Les partisans de ce système font remarquer que souvent, dans les actes législatifs, *réclamer* est synonyme de demander ;

que l'argument *a contrario* tiré de ce que l'article 20 ne vise point l'article 9 est faux, car cet article 20 ne vise pas davantage l'article 21 et cependant, dans le cas prévu par ce dernier article, lorsque le Français qui a perdu sa qualité pour avoir pris du service militaire à l'étranger, la recouvre, il n'y a pas rétroactivité. Si dans l'article 20 le législateur s'explique nettement sur les effets du recouvrement de la qualité de Français, c'est qu'il voulait bien faire comprendre qu'il entendait abroger la théorie romaine du *Jus Postliminii*. Citons à ce sujet les paroles prononcées par le tribun Gary au Corps législatif : « On distinguait les lettres de naturalité qui donnaient à un Étranger la qualité de Français, des lettres de déclaration qui rendaient cette qualité au Français qui l'avait perdue ou à ses enfants; et ces lettres de déclaration avaient un effet rétroactif. C'était un abus que l'article 20 fait cesser. Il déclare que les individus qui recouvreront la qualité de Français, ne pourront s'en prévaloir que pour l'exercice des droits ouverts à leur profit depuis qu'ils l'auront recouvrée. » Il n'y avait pas de loi semblable à abroger pour l'Étranger de l'article 9, qui ne recouvre pas une qualité ancienne, mais qui en acquiert une nouvelle. La loi, d'ailleurs, n'eût pas été logique en permettant à l'Étranger de l'article 9 de répéter tous les droits ouverts depuis sa naissance, comme s'il avait toujours été Français, tandis qu'elle refusait cet avantage à l'Étranger de l'article 10, traité cependant plus favorablement, puisqu'il est autorisé à réclamer sa qualité de Français longtemps après l'époque de sa majorité.

Enfin, on présente à l'appui de ce système un argument que M. Demolombe expose ainsi : « Le système contraire aurait pour résultat de tenir en suspens, pendant vingt-deux ans, la nationalité de cet individu et tous les droits qui peuvent en dépendre; et cette considération est d'autant plus grave qu'à l'époque de la promulgation du Code, les Étrangers étaient incapables de succéder et de recevoir à titre gratuit. Il faudrait un texte bien formel pour que l'on fût forcé d'admettre un résultat si impolitique et si contraire à la pensée du législateur, telle que l'article 20 la révèle ! »

« C'est au texte même de l'article 9 qu'il faut s'attacher, et ce texte n'est point assez explicite pour commander une interprétation qui serait si contraire à tant d'intérêts privés et publics! » (M. Demolombe, *op. cit.*, n° 163.) Ce n'est pas tout ; depuis la loi du 22 mars 1849, la nationalité de l'individu pourrait rester en suspens jusqu'au moment où la loi lui permet d'opter, c'est-à-dire pendant un laps de temps indéterminé. Quel sera alors le sort de tous les actes passés par l'Étranger depuis le jour de sa naissance jusqu'au jour de

son option? Leur sort dépendra de sa volonté!
Ces considérations nous semblent concluantes et
nous déterminent à adopter l'opinion de ceux qui
pensent que l'option de nationalité ne saurait
avoir d'effet rétroactif, et cela avec d'autant plus
de facilité que l'article 2 de la loi du 7 février
1851 nous fournit encore un argument à l'appui
de cette opinion. Aux termes de cet article, l'article 9 est applicable à l'enfant d'un Étranger
naturalisé, alors même que cet enfant n'est pas né
en France. Peut-on raisonnablement admettre
que dans cette hypothèse l'enfant devienne rétroactivement Français? Et pourtant il faudrait aller
jusque là si l'on admettait le premier système.
(Conf. MM. Duranton, I, 199; Dalloz, *Droits
civils*, t. II, chap. I, sect. II, § 135; Marcadé.)
M. Demolombe ne se prononce pas très nettement,
mais néanmoins il paraît plutôt partisan du second système.

Ce principe de non-rétroactivité une fois admis,
il faut en conclure que l'Étranger qui n'aura agi
en réclamation que plusieurs mois après l'époque
de sa majorité, ne deviendra Français que du
jour où sa demande aura été formulée.

IV

L'article 9 énumère les conditions que doit

remplir l'Étranger né en France qui réclame la qualité de Français. Dans le cas où il réside en France, il n'a qu'à déclarer son intention d'y fixer son domicile ; dans le cas où il réside en pays étranger, il n'a qu'à faire soumission de se fixer en France et de s'y établir réellement dans l'année de sa soumission. Ces différentes conditions sont potestatives pour l'Étranger : il est libre ou non de les remplir ; mais s'il les remplit, ce doit être dans l'année de sa majorité. S'il attendait plus longtemps, on serait en droit de lui dire que sa détermination tardive lui est inspirée, non par l'amour qu'il ressent pour la France, mais par des motifs d'intérêt personnel. « Il ne faut pas, disait le tribun Gary, que la patrie dans le sein de laquelle il a vu le jour reste plus longtemps incertaine sur sa détermination. »

Mais, de quelle majorité le législateur a-t-il voulu parler ? Est-ce de la majorité française, ou bien est-ce de la majorité telle qu'elle est réglée par la loi étrangère ? La question est controversée.

Plusieurs auteurs enseignent qu'il s'agit ici de la majorité de vingt et un ans, telle qu'elle est fixée par la loi française ; ils s'appuient, pour soutenir leur opinion, sur les articles 2 et 3 de la Constitution du 22 frimaire an VIII (13 décembre 1799) : « Tout homme né et résidant en France, qui âgé de vingt et un ans accomplis s'était fait

inscrire sur le registre civique de son arrondissement communal, et qui avait demeuré depuis un
an sur le territoire de la République, était citoyen
français. Or, le Code civil ayant été rédigé sous
l'empire de cette Constitution, le législateur, en
écrivant l'article 9, a eu nécessairement en vue la
majorité de vingt et un ans; c'est donc dans
l'intervalle compris entre sa vingt et unième et
sa vingt-deuxième année que l'Étranger doit réclamer sa qualité de Français. » (Conf. MM. Duranton, n° 229 ; Delvincourt, p. 15.)

M. Demolombe pense au contraire qu'il s'agit
ici de la majorité de l'Étranger, telle qu'elle est
fixée par la loi de son pays. Le savant maître fait
d'abord observer que le texte du Code, en parlant
de la majorité de l'Étranger, dit sa majorité. Or,
comme bien évidemment l'Étranger n'est pas
Français, comment concevoir que le législateur
ait eu en vue la majorité française? En second
lieu, comme le délai d'une année, imposé par
l'article 9 pour réclamer, est « fatal », il faut de
toute nécessité que l'Étranger ait le droit de faire
sa demande, et comment pourrait-il la faire s'il
n'était pas majeur? « Ces motifs, ajoute M. Demolombe, me paraissent suffisamment répondre à
l'argument tiré de l'article 3 de la loi du 22 frimaire an VIII. D'abord le texte de cet article, bien
différent de notre article 9, déterminait expressé-

ment lui-même l'âge de vingt et un ans : ensuite, cet article 3 exigeait bien que l'Étranger eût vingt et un ans pour faire sa déclaration ; mais il n'en résultait pas qu'il pût toujours la faire à vingt et un ans si sa loi personnelle s'y opposait; ajoutez, en effet, que l'âge de vingt et un ans, dans ce cas, ouvrait une faculté dont l'exercice pouvait toujours avoir lieu, et n'était limité par aucun terme. Que si on prétendait qu'il résultait de l'article 3 de la loi du 22 frimaire an VIII, que l'Étranger, même mineur d'après la loi de son pays, pouvait néanmoins faire sa déclaration à vingt et un ans, eh bien! je dirais qu'en ce point la loi de l'an VIII ne me paraîtrait ni à louer ni à imiter; je ne crois pas qu'il soit bien, qu'il soit convenable et politique de convier ainsi les Étrangers à violer, chez nous, leurs lois personnelles; nous savons, au contraire, que c'est pour tous les peuples un devoir international de se prêter à cet égard un mutuel concours. La conclusion, finalement, qui me paraît la plus raisonnable, comme dit M. Valette, est de ne faire encourir la déchéance dont parle l'article 9, qu'autant que l'individu se trouve majeur depuis un an, et d'après la loi française et d'après loi du pays auquel sa famille appartient. (M. Demolombe, *op. cit.*, n° 165; conf. M. Valette : *Explication sommaire* du liv. I, p. 12; — Article 1, loi du 7 février 1851 ; — Demante, t. I, n° 19 *bis* ; — Coin-Delisle. *Revue critique de législ.*, 1864, t. XXV, p. 13 et suiv.)

V

Dans quel lieu et dans quelle forme doit être faite la soumission prescrite par l'article 9 ? M. Demolombe enseigne qu'elle devra être faite à la municipalité de la résidence actuelle du déclarant ou de celle dans laquelle il se proposera d'établir son domicile. A l'appui de cette opinion, il invoque le décret du 17 mars 1809 qui règle les formalités relatives à la naturalisation des Étrangers, et dont l'article 2 est ainsi conçu : « La demande en naturalisation et les pièces à l'appui seront transmises par la mairie du pétitionnaire au préfet, qui les adressera avec son avis à notre grand-juge, ministre de la justice. » L'article 1 de la loi du 7 février 1851 consacre ce système, et nous pensons que, conformément aux dispositions de cette même loi, la soumission de l'article 9 pourra être valablement faite devant un agent diplomatique ou consulaire à l'étranger. (M. Demolombe, *op. cit.*, n° 162.)

VI

D'après le droit des gens, l'hôtel d'un ambassadeur est considéré comme faisant partie du territoire de la nation que cet ambassadeur représente. Peut-on dès lors appliquer le bénéfice de l'article 9 à un enfant né dans cet hôtel? A notre avis, l'affirmative est évidente, car la fiction que l'hôtel d'un ambassadeur est un sol étranger existe en vertu de motifs de haute convenance internationale tout à fait étrangers à la question qui nous occupe. Réciproquement, nous admettrons que l'enfant né dans l'hôtel d'un ambassadeur français à l'Étranger ne naît pas en France et ne pourrait par conséqnent invoquer le bénéfice de l'article 9. (M. Dalloz, *Naturalisation*, n° 35.)

Mais l'enfant né pendant une traversée sur un bâtiment français jouit du bénéfice de l'article 9, car les navires sont réputés faire partie de la nation à laquelle ils appartiennent.

LOI DU 22 MARS 1849

La loi du 22 mars 1849 est venue apporter une modification importante à l'article 9. L'article

unique de cette loi est ainsi conçu : « L'individu
né en France d'un Étranger sera admis, même
après l'année qui suivra l'époque de sa majorité,
à faire la déclaration prescrite par l'article 9 du
Code civil, s'il se trouve dans l'une des deux
conditions suivantes : 1° s'il sert ou s'il a servi
dans les armées françaises de terre ou de mer ;
2° s'il a satisfait à la loi de recrutement sans
exciper de son extranéité. »

Cette loi a heureusement comblé une des
lacunes de notre législation, et réparé une injustice en permettant à l'Étranger né en France
et qui a satisfait à notre loi de recrutement,
d'acquérir la qualité de Français par le bénéfice
de l'article 9 à toute époque de sa vie. Le rapport
de M. Huet s'exprime en ces termes : « S'ils
n'ont pas réclamé la qualité de Français dans
l'année qui a suivi l'époque de leur majorité,
qu'on n'aille pas conclure de là qu'ils aient l'intention formelle de répudier leur patrie de
naissance : leurs actes donnent un démenti énergique à une telle interprétation. S'ils ont gardé
le silence, c'est que les uns ignoraient les obligations de la loi, les autres (et c'est le plus grand
nombre) s'étaient considérés comme citoyens
nés en France : Français par la langue, par les
habitudes, par l'éducation, ils se sont crus de la
même famille que ceux au milieu desquels ils

vivaient; quelques-uns d'entre eux, enfin, connaissant la prescription de l'article 9, ont négligé de s'y conformer. Il n'est pas possible d'attribuer avec quelque raison d'autres motifs à leur inaction : sont-ils de nature à priver cette catégorie intéressante d'Étrangers de la faculté de devenir Français ? Non, assurément; ainsi du moins l'ont cru les honorables auteurs de la proposition... etc. »

Cette loi de 1849 a modifié l'article 2 de la loi du 21 mars 1832, ainsi conçu : « Tout individu né en France de parents Étrangers sera soumis aux obligations imposées par la présente loi (c'est-à-dire au tirage au sort et au service militaire) immédiatement après qu'il aura été admis à jouir du bénéfice de l'article 9 du Code civil. » Le but de la loi de 1832 était de prévenir une fraude qui se produisait très souvent dans la pratique. L'enfant, né en France de parents Étrangers excipait d'abord de son extranéité pour se soustraire au tirage au sort; puis les opérations du tirage une fois terminées, il réclamait le bénéfice de l'article 9.

Depuis la loi de 1849, celui qui se sera laissé porter sur les listes de recrutement sans exciper de son titre d'Étranger et qui aura servi dans les armées françaises, s'il use des privilèges que cette même loi lui confère, ne sera pas soumis à la dis-

position de l'article 2 de la loi du 21 mars 1832.
En effet, aucune fraude n'est plus à craindre,
puisque l'Étranger a couru la chance du tirage
au sort et s'est soumis aux devoirs attachés au
titre de Français. Mais depuis cette même loi de
1849, l'enfant né en France d'un Étranger ne
pourrait plus réclamer, après l'année de sa majorité, la qualité de Français s'il avait excipé
de son extranéité pour ne pas satisfaire à la loi
de recrutement; alors même qu'il eût été mineur
à cette époque et qu'il se fût fait inscrire plus
tard, comme omis, sur le tableau de recrutement.
(Cassation, 27 janvier 1869.)

LOI DU 7 FÉVRIER 1851

La loi de 1851 est venue modifier le système
introduit par le législateur de 1804, système que
nous avons étudié en l'article 9 ; elle a rétabli
dans une large mesure l'ancien principe que la
naissance sur le sol de la France était attributive
de la qualité de Français. Cette loi a pour but de
déterminer la condition des enfants nés en France
de parents Étrangers, qui eux-mêmes y sont nés,
et la condition des enfants des Étrangers naturalisés.

Due à l'initiative parlementaire, elle a été présentée par MM. Raulin et Benoît Champy. Prise en considération sur le rapport de M. de Coëtlosquet le 9 janvier 1850, elle fut discutée et adoptée en deuxième lecture dans la séance du 5 janvier 1850. M. Benoît-Champy déposa son rapport sur la tribune de l'Assemblée le 30 décembre 1850 et la loi fut discutée, et définitivement adoptée en troisième lecture le 7 février 1851. L'article I est ainsi conçu : « Est Français tout individu né en France d'un Étranger qui lui-même y est né, à moins que dans l'année qui suivra l'époque de sa majorité, telle qu'elle est fixée par la loi française, il ne réclame la qualité d'Étranger par une déclaration faite, soit devant l'autorité municipale du lieu de sa résidence, soit devant les agents diplomatiques ou consulaires accrédités en France par le gouvernement étranger. »

Est Français. — Le projet de la commission portait : *Sera Français.* Cette rédaction au futur pouvait faire craindre que la loi ne disposât que pour l'avenir. C'est M. Valette qui a insisté auprès de la commission, et avec beaucoup de raison, pour ce changement. (V. le rapport de M. Benoît-Champy.)

On voit, par la simple lecture de notre article, en quoi la nouvelle loi a modifié l'article 9.

Aux termes de ce dernier article, l'enfant né en France de parents Étrangers est Étranger, quel que soit d'ailleurs le lieu de naissance de ses parents ; aux termes de la loi de 1851, l'enfant né en France est Français par le seul fait que ses auteurs sont eux-mêmes nés en France. On peut tirer de ce nouveau principe la conséquence suivante : l'enfant de l'article 9 est Étranger sous condition résolutoire, et Français sous condition suspensive, tandis que l'enfant de la loi de 1851 est, au contraire, Français sous condition résolutoire, et Étranger sous condition suspensive. Ainsi, l'enfant auquel s'applique l'article 9, étant Étranger, n'est pas soumis, tant qu'il conserve sa qualité d'Étranger, aux charges et aux devoirs inhérents à la qualité de Français, au service militaire obligatoire, par exemple ; mais réciproquement, il ne peut pas jouir des avantages attachés à la qualité de Français. (M. Demante, M. Demolombe.) Ce point est cependantc ontesté, surtout dans la pratique : ainsi, le tribunal de la Seine, saisi de la question de savoir si un jeune homme, né en France de parents Étrangers, pouvait se présenter avant l'année de sa majorité aux examens de l'Ecole polytechnique, s'était prononcé pour l'affirmative, et avait admis un tel Étranger à se prévaloir, tout au moins à titre provisoire, des avantages attachés à la qualité de

Français. Les considérants du jugement se fondaient surtout sur ce fait que l'Étranger ne
pouvait plus être admis à l'École polytechnique
après sa majorité, en raison des dispositions qui
fixent la limite d'âge à vingt ans (20 avril 1840).
Malgré la valeur de cet argument, la cour de
Paris rendit quelques années plus tard un arrêt
absolument contraire au jugement que nous
venons de mentionner. La Cour consacra ce
principe : que l'enfant étant Étranger, et que les
Français étant seuls admissibles aux écoles du
gouvernement, il ne pouvait en aucun cas se
présenter aux épreuves d'admission de ces écoles ;
que d'autre part, la déclaration imposée par
l'article 9 ne pouvant ni se présumer ni se
suppléer, personne n'avait le droit de faire une
telle déclaration au nom de l'enfant mineur, pas
même son père ou sa mère (14 juillet 1856).

Au contraire, l'enfant auquel s'applique la loi
de 1851 étant Français, obtient, tant qu'il
conserve cette qualité, les avantages qui y sont
attachés, et en supporte les charges Ainsi un tel
enfant est astreint au service militaire obligatoire,
et peut en revanche se présenter utilement aux
écoles du gouvernement. Cette conséquence,
admise dans la pratique et consacrée notamment
par un arrêt de la cour de Douai (18 décembre
1854), a pourtant été vivement discutée par

M. Demolombe, qui invoque le texte du rapport sur le projet de loi, où il est dit que la commission voulait laisser à la loi spéciale sur le recrutement de l'armée, le soin de régler l'appel et le tirage au sort des Étrangers devenus Français, faute d'une déclaration d'extranéité, de même que cette question est réglée par l'article 3 de la loi du 21 mars 1832, en ce qui concerne les Étrangers devenus Français conformément à la disposition de l'article 9 du Code. Cette opinion nous paraît devoir être écartée : il suffit de remarquer, en effet, que rien dans la loi n'indique que le législateur de 1851 ait voulu tenir compte des désirs exprimés par la commission ; et que d'ailleurs, M. Benoît-Champy a commis une erreur dans son rapport en qualifiant d'Étrangers des individus devenus Français par application même de la loi. Enfin, le doute ne peut plus être permis en présence de l'opinion professée par M. Valette, l'un des rédacteurs de la loi de 1851, opinion conforme à celle que nous avons émise en premier lieu. (Valette, *Explication sommaire du livre I*, p. 14.)

L'article 2 de la loi de 1851 est ainsi conçu : « L'article 9 du Code civil est applicable aux enfants de l'Étranger naturalisé, quoique nés en pays étranger, s'ils étaient mineurs lors de la naturalisation. A l'égard des enfants nés en France ou à l'étranger, qui étaient majeurs à cette même époque, l'article 9 du Code civil leur est applicable dans l'année qui suivra celle de ladite naturalisation. »

Le projet de la commission portait : « *Les dispositions de l'article 9 du Code civil sont applicables aux enfants mineurs de l'Etranger nés avant sa naturalisation* ». Ce texte ne distinguait pas entre les enfants nés à l'étranger et ceux qui étaient nés en France. Ses termes généraux comprenaient les uns et les autres ; et pourtant les auteurs du projet n'avaient eu sûrement en vue que les premiers, puisque la condition des autres était déjà réglée par l'article 9 ; la nouvelle rédaction, proposée par M. Valette, a fait cesser cette répétition, en ne parlant que des mineurs nés en pays étranger.

Les innovations introduites par la loi de 1851 ont donné lieu à la question intéressante de savoir si l'individu, né en France d'un Étranger qui lui-même y est né, peut revenir sur l'option qu'il a faite pour la nationalité étrangère, dans l'année de sa majorité, à la condition bien entendu que cette année ne soit pas révolue.

Le tribunal civil de Lille (18 mai 1872) a résolu la question dans le sens de la négative. Cette décision, conforme au texte rigoureux de la loi, nous paraît, dans l'espèce soumise au tribunal de

Lille, contraire à son esprit; car, l'individu qui voulait rétracter son option et réclamait la qualité de Français, n'avait pris cette nouvelle détermination que pour se soumettre aux charges imposées aux Français.

La loi de 1851 présente deux inconvénients graves; à la différence de l'article 9 qui offre la qualité de Français à ceux qui la désirent, et à qui leur naissance permet de l'acccorder sans danger, cette loi l'impose à ceux qui peut-être ne la désirent pas, en faisant Français malgré eux des individus qui, dans l'ignorance de ses dispositions, ont laissé écouler l'année de leur majorité sans faire de réclamations.

En second lieu, elle rétablit l'ancien principe du droit français : que la naissance sur le sol était attributive de la qualité de Français, avec cette seule différence qu'il faut maintenant deux naissances au lieu d'une et cela, dit M. Beudant, « à une époque où les relations internationales sont si fréquentes et nécessaires, que régler la nationalité par le sol et non par les rapports de filiation, c'est faire entre les nations un échange continuel de nationaux, et, sous prétexte de constituer l'homogénéité de la famille française, la détruire en agglomérant des éléments disparates et passagers, sous un titre qui n'a de réalité qu'autant qu'il est soutenu par un esprit commun ». (*De l'effet de la naissance en France ; — Revue critique de législation*, 1856, t. IV, p. 70.)

LOI DU 16 DÉCEMBRE 1874

Cette loi, proposée par M. des Rotours en 1872, fut prise en considération le 30 mai 1873. M. Desjardins, rapporteur, déposa son rapport le 18 décembre 1873 ; un rapport supplémentaire fut déposé le 26 juin 1874, et la loi fut définitivement votée le 16 décembre.

L'article 1er de la loi est ainsi conçu : « L'article 1er de la loi du 7 février 1851 est ainsi modifié : Est Français, tout individu né en France d'un Étranger qui lui-même y est né, à moins que, dans l'année qui suivra l'époque de sa majorité, telle qu'elle est fixée par la loi française, il ne réclame la qualité d'Étranger par une déclaration faite, soit devant l'autorité municipale du lieu de sa résidence, soit devant les agents diplomatiques et consulaires de France à l'étranger, et qu'il ne justifie avoir conservé sa nationalité d'origine par une attestation en due forme de son gouvernement, laquelle demeurera anexée à la déclaration. Cette déclaration pourra être faite par procuration spéciale et authentique. »

Voici en quoi consiste la différence entre la loi

de 1851 et la loi de 1874 : la loi de 1851 permettait de repousser la nationalité française par une simple déclaration; la loi actuelle exige la preuve qu'on a conservé sa nationalité d'origine. Rien de plus juste ! Cette loi a réprimé une fraude que commettaient les Étrangers domiciliés dans nos départements frontières, et notamment dans le département du Nord. Un grand nombre d'ouvriers et de journaliers belges, fils de Belges, nés en France, attendaient l'époque du tirage au sort pour prendre un parti. Si la chance leur était favorable, ils ne réclamaient pas; s'ils tiraient au contraire un mauvais numéro, ils excipaient de leur extranéité pour se dispenser du service militaire. Il y avait là un véritable scandale que M. des Rotours, député du Nord, a voulu faire cesser. Le Conseil d'État, consulté sur la rédaction de la loi et sur sa portée, a ainsi jugé la prétention de ces individus : « Leur prétention de demeurer sans patrie est inadmissible : leur exemple, s'il se perpétuait, aurait des conséquences funestes pour le patriotisme de la population française. La France peut les réclamer comme siens, leur accorder les droits et leur imposer les devoirs de citoyens français, à moins qu'ils ne se fassent reconnaître comme Nationaux par un gouvernement étranger. » D'ailleurs la loi ne se montre pas très exigeante quant aux preuves que la nationalité étrangère a été conservée : elle se contente d'une simple attestation du gouvernement étranger. (Voir le rapport de M. Desjardins.)

L'article 2 de la loi de 1874 tranche définitivement la question que nous avons examinée dans le paragraphe précédent, et permet aux mineurs qui se trouvent dans les conditions exigées par l'article 1 de concourir pour l'admission aux écoles du gouvernement. Cet article est ainsi conçu : « Les jeunes gens auxquels s'applique l'article précédent peuvent, soit s'engager volontairement dans les armées de terre ou de mer, soit contracter l'engagement conditionnel d'un an, conformément à la loi du 27 juillet 1872, soit entrer dans les écoles du gouvernement à l'âge fixé par les lois et règlements, en déclarant qu'ils renoncent à réclamer la qualité d'Étrangers dans l'année qui suivra leur majorité. — Cette déclaration ne peut être faite qu'avec le consentement exprès et spécial du père, etc. Elle ne doit être reçue qu'après les examens d'admission et s'ils ont été favorables. »

Cet article offre aux jeunes gens dont nous parlons un avantage considérable. La commission ne s'est pas dissimulé la grave objection qui pourrait être faite à une disposition qui, contre les principes, permet à des mineurs de disposer de leur état. Mais le rapport fit alors remarquer

très justement qu'il ne s'agit pas de faire acquérir
la qualité de Français à des mineurs, mais ce qui
est bien différent, de la consolider chez des
mineurs qui sont présumés l'avoir.

SECTION II

PRIVILÉGE ATTACHÉ A LA QUALITÉ D'ANCIEN FRANÇAIS
— ARTICLE 10 DU CODE CIVIL.

I

Plusieurs circonstances font perdre la qualité
de Français; ainsi on perd cette qualité : 1° par
la naturalisation acquise en pays étranger (art. 17);
2° par l'acceptation non autorisée par le Président
de la République, de fonctions publiques conférées
par un gouvernement étranger (art. 17); 3° par
tout établissement fait en pays étranger, sans
esprit de retour (art. 17); 4° par le mariage d'une
femme Française avec un Étranger (art. 19);
5° par le service militaire pris à l'étranger sans
l'autorisation préalable du Président de la République (art. 21).

Telles sont les circonstances diverses qui font
perdre la qualité de Français. Mais s'il y a faute,
la loi a permis qu'il y eût place au repentir, et la
déchéance n'est pas irrévocable, ainsi que le

prouvent les paroles suivantes prononcées par
M. Boulay (de la Meurthe), orateur du gouvernement, dans le premier exposé de motifs fait au
Corps législatif : « Si l'on peut supposer qu'un
Français perde volontairement sa qualité, on doit
supposer, à plus forte raison, qu'il aura le désir
de la recouvrer après l'avoir perdue. Et alors, sa
patrie ne doit-elle pas être sensible à ses regrets ?
Ne doit-elle pas lui rouvrir son sein lorsqu'elle
est assurée de leur sincérité ! Ce ne doit plus être
à ses yeux un Étranger, mais un enfant qui rentre
dans la famille. »

Aussi, les modes par lesquels la loi facilite
le retour de l'ex-Français au sein de sa patrie
témoignent-ils de la faveur et de l'indulgence
avec lesquelles il sera accueilli.

Ces modes, que nous allons étudier, constituent
le second cas de *naturalisation par le bienfait de
la loi*; mais alors, le privilège est fondé sur la
faveur du sang et de l'origine, et non plus sur le
lieu de la naissance. Ce privilège attaché au sang
par notre législation moderne était inconnu des
Grecs et des Romains; il est probable qu'il tire
son origine des lettres de naturalité accordées autrefois par les rois aux ex-Français, naturalisés à
l'étranger, qui en faisaient la demande. Les
modes par lesquels l'ancien Français peut recouvrer sa qualité après l'avoir perdue, diffèrent

suivant que la perte de la nationalité a été motivée par tel ou tel fait, et suivant la plus ou moins grande défaveur attachée à ce fait.

La loi distingue trois catégories d'ex-Français, et établit pour chacune un moyen différent de recouvrer la nationalité. Mais il faut soigneusement remarquer que dans les trois catégories que nous allons successivement passer en revue, les effets de la réintégration sont identiquement les mêmes que ceux produits par l'article 9. Nous n'aurons donc pas à en parler.

II

Première catégorie. — Nous rangeons dans la première partie les ex-Français qui ont perdu leur qualité pour l'une des trois causes énumérées en l'article 17. Pour recouvrer leur nationalité, ils devront se conformer aux prescriptions de l'article 18 ainsi conçu : « Le Français qui aura perdu sa qualité de Français pourra toujours la recouvrer en rentrant en France avec l'autorisation du Président de la République, et en déclarant qu'il veut s'y fixer et qu'il renonce à toute distinction contraire à la loi française. » M. Treilhard, orateur du gouvernement au Corps législatif, nous a nettement indiqué l'utilité de l'autorisation exigée par l'article 18. Voici en quelles circonstances : M. Thierry, rapporteur de la commission du Tribunat, contestait la nécessité de l'autorisation en disant que les anciens Français qui rentrent en France sont en trop grand nombre pour que le gouvernement puisse vérifier la conduite passée de chacun; que dès lors il valait mieux livrer cet examen à des bureaux qui décideront. C'est alors que M. Treilhard, dont l'opinion prévalut, répondit : « Cependant l'indulgence ne doit pas être aveugle et imprudente. Le retour de ces Français ne doit être ni un moyen de trouble dans l'État ni un signal de discorde dans les familles. Il faut que leur rentrée soit autorisée par le gouvernement qui peut connaître leur conduite passée et leurs sentiments secrets. » Quant au Français qui a perdu sa nationalité pour avoir pris du service militaire à l'étranger ou s'être affilié à une corporation militaire étrangère, il ne peut rentrer en France qu'en vertu d'une autorisation du gouvernement, et il ne peut recouvrer sa nationalité perdue qu'en remplissant les conditions imposées à l'Étranger pour devenir Français, sauf le bénéfice des *lettres de Relief* qui pourraient lui être accordées en conformité du décret du 26 août 1811. M. Treilhard a expliqué en ces termes les motifs de cette sévérité : « Cette circonstance a un caractère de gravité qui la distingue; ce n'est plus

un acte de légèreté, une démarche sans conséquence ; c'est un acte de dévouement particulier
à la défense d'une nation, aujourd'hui notre
alliée, si l'on veut, mais qui, demain, peut être
notre rivale et même notre ennemie. Le Français
a dû prévoir qu'il pouvait s'exposer par son
acceptation à porter les armes contre sa patrie.
Le législateur a pensé alors, que dans ce cas, le
Français devait être, soit pour rentrer en France,
soit pour recouvrer les droits de citoyen, soumis
à des conditions particulières. » (Séance du 11
frimaire an X. 2 décembre 1801.)

III

Deuxième catégorie. — Dans cette catégorie se
place la femme Française, qui, ayant épousé un
Étranger, a suivi la condition de son mari et est
devenue Étrangère conformément à l'article 19.
1° Aux termes de ce même article 19 ; 2° si cette
femme devient veuve, elle recouvre la qualité de
Française pourvu qu'elle réside en France ou
qu'elle y rentre avec l'autorisation du Président de
la République, en déclarant qu'elle veut s'y fixer.
L'article 19, 2°, prévoit donc deux hypothèses que
nous allons examiner.

Première hypothèse. — La femme, devenue

veuve, réside en France. Dans ce cas, elle recouvre de plein droit, et sans autorisation, la qualité de Française; elle n'est même pas tenue de déclarer qu'elle veut se fixer en France. Bien plus, si la femme habituellement domiciliée en France, se trouve momentanément à l'étranger au moment du décès de son mari, cette circonstance ne l'empêche pas de recouvrer de plein droit sa qualité originaire. (Pothier, *Traité des personnes*, Ire partie, titre I, sect. iv.)

Quelques auteurs soutiennent que la femme qui réside en France lors de la mort de son mari n'est pas dispensée de la déclaration exigée par l'article 19, 2°, et ils font remarquer, à l'appui de leur opinion, que notre article s'exprime en termes généraux et sans faire d'exception. L'argument ne manque pas de valeur; mais nous croyons cependant, d'accord avec l'opinion générale, que c'est seulement la femme *rentrant* en France qui est tenue de faire une déclaration, et qu'on ne peut y soumettre celle qui y a son domicile de fait : ce serait la traiter avec une rigueur excessive. D'autre part, n'est-il pas évident que le législateur, qui a montré tant de souci pour les intérêts des enfants de la France, a certainement voulu accorder une faveur spéciale à la femme qui n'a jamais quitté le sol français et qui est atteinte dans ses plus chères affections? (Cass., 19 mai 1830.)

Deuxième hypothèse. — La femme demeure à l'étranger au moment de la mort de son mari. — Dans ce cas, elle doit, pour recouvrer sa nationalité, obtenir du gouvernement français l'autorisation de rentrer en France, et faire la déclaration d'y fixer son domicile. La demande en autorisation doit être adressée au ministre de la justice, et la soumission doit être faite à la municipalité de la commune où la femme veut s'établir.

— Que faut-il décider, si la femme Française qui a épousé un Étranger obtient le divorce dans le pays de son mari. L'article 19 lui est-il applicable? En d'autres termes, le mot *veuve* employé par la loi est-il synonyme de *libre*? M. Demolombe n'hésite point à répondre affirmativement : « Il me semble, dit-il, que le bénéfice de la loi s'adresse surtout à la femme *devenue libre,* et que ces mots, dans la pensée essentielle du législateur, désignent seulement le mode le plus général de dissolution du mariage, sans exclure pour cela les autres. Remarquez qu'à l'époque de la promulgation du Code le mariage pouvait aussi chez nous être dissous par le divorce. » (M. Demolombe, *op. cit.* n° 170. — Conf. : Lyon, 11 mai 1835; — Duranton-Zachariæ, Aubry et Ran.)

IV

Troisième catégorie. — La troisième catégorie comprend l'enfant de l'ex-Français. La
condition de cet enfant est régie par l'article 10 :
2° « Tout enfant né en pays étrangers d'un
Français qui aurait perdu la qualité de Français
pourra *toujours* recouvrer cette qualité en
remplissant les formalités prescrites par l'article 9. »

Cette faveur accordée à l'enfant de l'ex-Français
est facile à justifier. Le législateur a pensé que
le Français qui abdiquait sa nationalité et se faisait citoyen d'une autre patrie, violait à l'égard de
ses enfants un dépôt glorieux, et qu'il fallait leur
faciliter les moyens de recouvrer la qualité de
Français. Au Conseil d'État, M. Regnault de Saint-
Jean d'Angely posa en principe que « *la volonté
du père décide de l'état du fils* ». Logique à
l'extrême, il voulait qu'on s'en tînt au droit strict
à l'égard de l'enfan d'un ex-Français, et qu'on
ne lui accordât aucune faveur spéciale. C'est alors
que M. Tronchet répondit : « Un homme dont la
famille est française, qui a du sang français dans
les veines, et qui, malgré l'ingratitude paternelle
est peut-être resté Français par les sentiments et

par le cœur, doit-il être vu par nous avec la même indifférence que tout autre Étranger ?

« Est-il équitable de lui faire porter tout le poids d'une faute qui n'est pas la sienne, ou n'est-il pas plus juste d'avoir quelques égards pour son origine ? » Ces sages considérations motivèrent l'adoption de l'article 10.

Toutefois le législateur de 1804 n'a pas été ainsi libéral que notre ancien droit, qui avait placé l'enfant de l'ex-Français dans une situation toute exceptionnelle. — Ainsi les lois anciennes mettaient un tel enfant sur le même pied que ses autres frères ou sœurs nés avant la naturalisation du père à l'étranger : cet enfant, bien loin d'être assimilé à un Étranger, avait sa part dans la succession du père. Pour devenir Français, il lui suffisait de fixer son domicile en France et d'obtenir des lettres de naturalité qui produisaient un effet rétroactif : c'était comme un vestige du *jus post liminii* des Romains.

L'article 10 se fonde sur la faveur du sang ; ce n'est plus, comme pour l'Étranger né en France, le lieu de la naissance qui rend Français l'enfant né de l'ex-Français, c'est l'origine.

L'article 10 donne lieu, dans la pratique, à plusieurs hypothèses controversées que nous allons brièvement énumérer :

1° L'enfant né d'un Étranger naturalisé Français, et redevenu Étranger, peut-il invoquer le bénéfice des l'article 10 ? La généralité de termes de l'article 10, 2°, nous permet de répondre affirmativement : D'autre part, c'est un principe de notre droit que les fautes et la perte de la nationalité sont personnelles.

2° Plusieurs auteurs, en présence de ces mots de l'article 10 : « *pourra toujours recouvrer* » ont conclu que le tuteur, et en cas d'émancipation, le curateur d'un enfant mineur, pourront toujours user en son nom du bénéfice de l'article 9. Cette décision ne nous paraît pas conforme à l'esprit de la loi. Nous remarquerons en effet que le mot *toujours*, mis en regard de ces autres mots de l'article 9 : « *l'année qui suivra l'époque de sa majorité* », indique un temps indéterminé au delà de cette année, et se rapporte uniquement à la durée d'un droit dont la naissance est déterminée. Nous ajouterons que le principe de nos lois sur l'acquisition de la nationalité veut que le choix soit fait avec discernement et avec liberté ; or, les mineurs n'offrent pas de garanties suffisantes à cet égard, et l'autorité de tuteur, quelqu'intelligente qu'elle soit, ne saurait remplacer le consentement libre et réfléchi de l'intéressé. (Conf. M. Valette, *Explication sommaire*, p. 15.)

3° L'article 10 est-il applicable à l'enfant d'une Française qui a épousé un Étranger ?

Dans un premier système, on fait observer que l'enfant suit toujours la condition du père, et qu'en conséquence il naît et et demeure Étranger. « C'est la filiation paternelle, dit M. Alauzet, qui règle la nationalité dans la loi française ; il est donc sans importance aucune, dans cette matière, de savoir ce qu'était ou ce qu'a été la mère. »

M. Demolombe, tout en reconnaissant la force de cet argument, soutient néanmoins le système contraire : d'une part, parce que le texte dit : *né d'un Français*, et que ce mot comprend aussi bien *l'homme* que *la femme*, d'autre part parce que cet enfant se rattachera presque toujours par sa mère à des familles françaises, et qu'en conséquence le texte aussi bien que l'esprit de la loi accordent à un tel enfant le bénéfice de l'article 10. (M. Demolombe, *op. cit.*, n° 167.)

4° Que décider relativement à l'enfant qui justifierait de sa conception en France avant la perte de la qualité de Français par son père ? La question ne peut faire aucun doute : un tel enfant n'a pas besoin d'invoquer le bénéfice de l'article 10, parce qu'il est né Français en vertu de la maxime : *Infans conceptus pro nato habetur quoties de commodis ejus agitur.* Bien entendu, il n'est ici question que de l'enfant né en mariage légitime.

5° L'article 10 ne parle que de l'enfant de

l'ex-Français né à *l'étranger*; que décider si l'enfant est né en *France?*

M. Coin-Delisle pense que : « l'enfant né en France d'un ex-Français peut invoquer l'article 9, puisqu'il se trouve dans les conditions requises, mais il ne peut invoquer l'article 10 qui est formel et porte : *né en pays étranger*.

Mais, objecterons-nous avec la plupart des auteurs, l'article 9 est bien moins favorable que l'article 10, puisqu'il n'autorise la réclamation de la nationalité que pendant une année; dès lors, est-il admissible que l'enfant d'un ex-Français soit moins favorablement traité s'il est né en France, et plus favorablement traité s'il est né en pays étranger? Nous pensons au contraire qu'il existe en sa faveur un *a fortiori*, et qu'on doit lui accorder le bénéfice de l'article 10. M. Demolombe fait remarquer à ce sujet, que les mots *en pays étranger*, inutiles dans la première partie de l'article 10, sont pour le moins encore plus inutiles dans la seconde. « Autrefois, ajoute-t-il, tout enfant né en France était Français; et nous avons déja remarqué que la rédaction de cette partie de notre article pourrait bien avoir été faite encore sous l'influence et sous la préoccupation de cet ancien principe aujourd'hui abrogé. » (*Op. cit.* n° 166.)

6° La loi du 7 février 1851 n'a-t-elle pas modifié l'article 10? Plusieurs auteurs, et notamment **M.** Mourlon, l'ont soutenu. Ainsi, dans le cas que nous venons d'étudier au paragraphe précédent, l'enfant né en France d'un ci-devant Français naîtrait Français, parce que la loi de 1851 accorde cette qualité aux enfants nés en France d'un Étranger qui lui-même y est né. On peut même dire qu'il existe un *a fortiori* en faveur de l'enfant de l'ex-Français, car le Code le traite plus favorablement qu'un Étranger ordinaire. L'enfant dont nous parlons est donc Français dès sa naissance, et il conservera toujours cette qualité, à moins qu'il ne réclame la qualité d'Étranger dans l'année de sa majorité (Mourlon, *Répétitions écrites*, 10ᵉ édition, nᵒˢ 158 et 159.)

Cette conséquence ne nous semble point exacte. En voici les raisons; la loi de 1851 part de ce principe : la naissance d'un enfant sur le sol français, précédée de la naissance de son père sur notre territoire, donne lieu à un privilège, parce que la loi suppose de la part du père une résidence continue en France, et par suite un sentiment d'affection pour notre pays chez l'enfant qui y sera né et y aura été élevé, qui en aura pris les mœurs et en parlera la langue. A l'appui de notre manière de voir, nous pouvons citer les paroles suivantes de M. Beudant : « L'arrivée entre les deux naissances d'un fait qui eût suffi pour faire perdre la qualité de Français, si la naissance l'eût concédée, doit *a fortiori* enlever l'aptitude résultant de cette naissance à obtenir cette qualité, aptitude qui a des racines bien moins fortes que le titre lui-même. » Nous conclurons donc de ce qui précède, qu'il ne faut tenir compte que de la naissance de l'enfant sur le territoire français ; que son père ne doit pas être considéré comme un Étranger, mais bien comme un ci-devant Français, et que dès lors l'enfant ne peut invoquer que l'article 10. Qu'on ne dise pas que cette interprétation est défavorable à l'enfant! Le privilège de l'article 10 est tout aussi avantageux pour lui que le privilège de la loi de 1851, qui avait pour effet de lui imposer peut-être une nationalité qui lui déplaisait. L'intérêt bien entendu de l'enfant n'est-il pas d'ailleurs qu'il n'appartienne pas à une autre patrie qu'à celle de son père ou de sa mère? M. Mourlon lui-même proclame bien haut ce principe : qu'il est utile que l'enfant ait la même nationalité que ses père et mère. (Mourlon, *op. cit.* p. 95, note 2.)

6° Le privilège de l'article 10 est spécial aux *fils* de l'ex-Français, c'est-à-dire à ses enfants du premier degré seulement. Ce principe souffre pourtant une exception qui est écrite dans l'article 22 de la loi du 15 décembre 1790 : « Toutes personnes qui, nées en pays étranger, descendent à quelque degré que ce soit, d'un Français ou d'une Française expatriés pour cause de religion, sont déclarés naturels Français et jouiront des droits attachés à cette qualité, si elles reviennent en France, y fixent leur domicile et prêtent le serment civique. Les fils de famille ne pourront user de ce droit sans le consentement de leur père, mère, aïeul ou aïeule, qu'autant qu'ils seront majeurs et maîtres de leurs droits. » Cette disposition a été confirmée par la Constitution des 13-14 septembre 1791 (art. 2 du titre II).

Cette loi n'a jamais été abrogée, et elle peut par conséquent être utilement invoquée par tous les intéressés. Une des dernières applications en a été faite en 1825, au sujet de l'élection de Benjamin Constant.

« Cette conséquence n'est pas sans importance, dit M. Demolombe, car il existe en Europe, en Allemagne surtout, un assez grand nombre de familles *d'origine française.*» (*Op. cit.* n° 167 *bis.*)

SECTION III

PRIVILÉGE DE LA FEMME ÉTRANGÈRE QUI ÉPOUSE UN FRANÇAIS (ART. 12). — PRIVILÉGE DES ENFANTS NÉS DE PÈRE ET MÈRE INCONNUS.

I

Aux termes de l'article 12, l'Étrangère qui

aura épousé un Français suivra la condition de son mari. « C'est, disait M. Boulay (de la Meurthe), l'ancienne et constante maxime que la femme suive la condition de son mari, maxime fondée sur la nature même du mariage qui de deux êtres n'en fait qu'un, en donnant la prééminence à l'époux sur l'épouse. »

Mais, la femme devenue Française par son mariage, perd-elle cette qualité au décès de son mari ? La raison de douter vient de l'article 19 qui vise une hypothèse analogue et qui décide que la Française, devenue Étrangère par son mariage avec un Étranger, recouvre sa nationalité primitive à la dissolution de son mariage. Pourtant, la doctrine et la jurisprudence sont généralement d'accord pour rejeter cette décision. « Des termes absolus de l'article 12, dit M. Demolombe, il résulte en effet que la femme Étrangère qui a épousé un Français est devenue Française : elle ne peut dès lors perdre ensuite cette qualité qu'en vertu d'une cause reconnue par la loi. Or, il n'existe pour cette hypothèse, aucun texte semblable à celui de l'article 19 qui statue sur une hypothèse différente. » (M. Demolombe, *op. cit.* n° 168 *bis* ; — Paris, 21 mars 1862 ; — Cassat, 22 juillet 1863.)

On s'est encore demandé si la règle que la femme suit la nationalité de son mari était absolue, et si le mari pouvait à son gré modifier de nouveau la nationalité de sa femme en en changeant lui-même après le mariage ? La plupart des auteurs refusent à l'époux un droit aussi exorbitant, et enseignent que la femme française, de quelque manière que ce soit, ne perd pas sa qualité de Française lorsque son mari a perdu la sienne. Nous déciderons de même qu'une femme Étrangère, ayant épousé un Étranger qui depuis son mariage s'est fait naturaliser Français, ne suit pas nécessairement la condition de son mari ; si elle désire devenir Française, elle doit accomplir les formalités exigées par nos lois. (Conf. Marcadé, t. I, 5ᵉ édition, nᵒ 122.)

II

M. Richelot enseigne que l'enfant né en France de père et mère inconnus est Étranger « parce que des Étrangers peuvent lui avoir donné le jour ».

M. Demolombe est d'un avis contraire ; il fait observer : 1° que dans le doute, en pareil cas, la présomption est pour la nationalité française, car, dans notre droit, l'extranéité est l'exception ; 2° que l'enfant *trouvé* a la possession d'état, c'est-à-dire le plus puissant de tous les titres. (*Op. cit.* nᵒ 154.)

Enfin, deux textes nous permettent de dire que les enfants nés en France de parents inconnus sont Français : le décret du 4 juillet 1793 qui les appelle : « *les enfants naturels de la patrie* » ; et le décret du 19 janvier 1811, qui appelle sous les drapeaux les enfants trouvés abandonnés ou orphelins élevés à la charge de l'État.

SECTION IV

ENFANTS NÉS HORS DE FRANCE DE PARENTS FRANÇAIS. — APERÇU SOMMAIRE SUR LES LÉGISLATIONS ÉTRANGÈRES.

Aux termes de l'article 10-1°, l'enfant né à l'Étranger de parents français naît et demeure Français ; mais, quelle sera la condition d'un pareil enfant dans l'État sur le territoire duquel il est né ? en d'autres termes, quels conflits peuvent s'élever entre notre gouvernement et les gouvernements étrangers au sujet de nos nationaux nés en dehors de la France ?

On peut diviser les États en trois catégories, relativement aux droits conférés par la naissance ; 1° ceux qui poussent le système de la filiation à ses limites extrêmes et qui regardent l'enfant né sur leur territoire comme un Étranger ordinaire : 2° ceux qui attribuent leur nationalité à tout enfant né sur leur sol ; 3° enfin ceux qui ont fait un compromis entre ces deux systèmes.

I

En Allemagne, en Autriche-Hongrie, en Suède et en Suisse, on considère l'enfant né de parents Étrangers comme un Étranger ordinaire ; les législations de ces différents pays ne lui accordent aucune faveur ; donc, en matière de nationalité, il ne saurait y avoir de conflit entre ces divers gouvernements et le nôtre.

II

L'Angleterre, le Danemark, le Portugal et la plupart des États des deux Amériques admettent au contraire le principe que tout enfant né sur leur territoire est national ; un conflit peut donc naître entre les gouvernements de ces différents pays et le nôtre.

1° *Angleterre*. — La rigueur du principe a été tempérée par le bill du 12 mai 1870, qui a renoncé à l'ancien système de l'allégeance perpétuelle ; toutefois ce bill continue à considérer comme sujets de la Reine tous les enfants nés sur le territoire des Trois-Royaumes. L'article 4 du bïll de 1870 permet à l'individu né en Angleterre de parents Étrangers de choisir à sa majorité entre la nationalité anglaise et celle de ses père et mère Très souvent, cette faculté empêche des conflits ; mais que décider, par exemple, dans le cas où un enfant né à Londres de parents français refuse de prendre parti? Cet enfant est Français, aux termes de notre loi : il est par conséquent soumis à nos lois, notamment en matière de recrutement militaire. D'autre part, la loi anglaise le considère comme Anglais ! Un conflit peut donc s'élever entre nos deux gouvernements. A la suite de plusieurs réclamations, et dès avant le bill de 1870, la question avait reçu un commencement de solution. Une dépêche, en date du 13 mars 1858, écrite par lord Malmesbury à lord Cowley, ambassadeur de S. M. Britannique à Paris, expose que « si l'Angleterre reconnaît comme Anglais les enfants nés dans les îles Britanniques, de parents Étrangers, elle ne prétend nullement les protéger comme tels contre les autorités du pays d'où relèvent leurs parents, et qui les réclament légalement, cela surtout quand ils sont volontairement retournés dans ce pays ». Par application du système formulé dans cette dépêche, le Français né en Angleterre sera protégé par la loi anglaise dans tous les pays de la terre, excepté en France.

2° *Portugal.* — Tous les enfants nés en Portugal sont Portugais, à moins qu'ils ne réclament la nationalité de leurs parents à l'époque de leur majorité ou même de leur émancipation. De plus, le père a le droit d'option pour ses enfants mineurs ; enfin, les enfants des Étrangers qui résident en Portugal pour le service de leur pays d'origine, par exemple les enfants des ministres plénipotentiaires ou des consuls, sont exceptés de la règle et conservent la nationalité de leurs parents, sans qu'il soit nécessaire de faire aucune déclaration.

En raison de la situation géographique du Portugal, on conçoit que la loi portugaise ait dû accorder certains privilèges aux Espagnols. Le traité hispano-portugais du 21 avril 1866, décide que les enfants des Espagnols conserveront leur nationalité, à moins qu'après l'époque de leur majorité ou de leur émancipation, ils ne continuent à résider en Portugal.

3° *Amérique.* — Les États-Unis de l'Amérique du Nord n'ont pas la conscription : dès lors la principale cause de conflits n'existe pas avec eux. Il est presque certain que, le cas échéant, le gouvernement de Washington mettrait en pratique le système anglais.

Tout au contraire, l'histoire de nos relations avec les Républiques de l'Amérique du Sud abonde en réclamations de Français ; notre gouvernement avait longtemps espéré que les principes de notre Code civil triompheraient en Amérique, et plusieurs États européens insistèrent avec nous auprès des Républiques latines du nouveau monde. Nous demandions seulement un *modus vivendi* basé sur le système de la réciprocité. Ces prétentions, très modestes pourtant, étaient assez lourdes, si l'on considère que la prospérité des républiques américaines n'a d'autre source que l'immigration.

Parmi les États américains, le Mexique et l'État de Costa-Rica reconnaissent la qualité d'Étranger à l'enfant né sur leur territoire de parents étrangers. Ce sont les seuls. La République Argentine avait adopté ce même système en 1857, mais une loi du 1er octobre 1869 vint abroger la loi de 1857 et remit l'ancien principe en vigueur : tous les enfants nés sur le territoire de la République sont Argentins, excepté les enfants des agents diplomatiques et consulaires. La même règle est appliquée dans les autres États du sud : Uruguay, Colombie, Venézuéla, Chili, Pérou, Equateur, Bolivie, Guatémala, Brésil. Ces deux derniers États ont pourtant modifié un peu la situation des enfants de l'Étranger : ainsi, l'enfant perd la nationalité guatémalienne s'il retourne dans le pays originaire de ses parents. Au Brésil, une loi du 10 septembre 1860 décide que l'état civil étranger sera appliqué aux fils d'Étrangers pendant leur minorité. En résumé, la situation des fils de Français en Amérique est très dure en droit; il faut reconnaître néanmoins que dans la pratique certains tempéraments sont apportés, notamment par le gouvernement Brésilien.

III

La Belgique, l'Espagne, l'Italie, les Pays-Bas, la Grèce, le Luxembourg, la Russie, la Turquie, ont fait des compromis entre les deux systèmes opposés que nous venons d'examiner. Les législations de ces différents pays se rapprochent de notre législation française : quelques-unes sont à peu près identiques; toutes se fondent sur le même principe.

1° *Belgique.* — Notre Code civil y est en vigueur depuis 1830 : avant cette époque la naissance sur le sol Belge était attributive de la nationalité. Une loi du 1er avril 1879 a accordé un délai exceptionnel d'un an aux natifs qui ont omis de faire en temps utile la déclaration exigée par l'article 9.

2° *Espagne.* — L'Espagne est régie actuellement par la constitution du 30 juin 1876. L'arti-

cle 1er de cette constitution dit : « Sont Espagnols :
1° ceux qui sont nés sur le territoire espagnol... »
Ces mots contiennent une inexactitude : on les
explique d'ailleurs historiquement; car ils ne sont
que la reproduction des premiers mots de toutes
constitutions qui se sont succédé en Espagne
depuis 1812. Le système espagnol est à peu près
identique au système de notre art. 9. Cela ressort
très clairement d'une déclaration du 11 mai 1837
faite par le gouvernement à notre ambassadeur,
et enfin du décret du 17 novembre 1852 et de la
loi de 1860, sur l'enregistrement des actes de
l'état civil.

Notons en passant une particularité : le droit
espagnol a conservé un des principes les plus
caractéristiques du droit romain : la puissance
paternelle en Espagne ne cesse pas à la majorité
du fils; elle cesse seulement par la mort ou la
disparition du père et par l'émancipation. L'émancipation espagnole diffère complètement de notre
émancipation française : elle est accordée aux
majeurs; elle est la conséquence forcée du mariage, et le juge peut l'imposer au père qui abuse
de ses droits.

3° *Grèce.*—L'art. 9 y est en vigueur; mais l'individu qui l'invoque doit en outre prêter le serment
du sujet hellène devant le nomarque compétent.

4° *Italie*. — Le Code italien admet l'article 9,
mais à la condition que les parents de l'enfant
habitent l'Italie depuis moins de dix ans; au cas
contraire, l'enfant naît Italien, mais il conserve
toujours le droit d'option et il ne peut l'exercer
que dans l'année qui suit l'époque de sa majorité.

5° *Luxembourg*. — Le Luxembourg a adopté
notre article 9, mais avec, les modifications suivantes :

D'après la loi du 12 novembre 1859, l'enfant
né d'un Étranger militaire ou même fonctionnaire
civil attaché à la forteresse, ne peut user du bénéfice de l'article 9.

D'après la loi du 27 janvier 1878, au contraire,
est Luxembourgeois tout individu ayant son domicile dans le Grand-Duché, et né dans le pays,
d'un Étranger qui y est né lui-même et y a eu
sa résidence jusqu'à la naissance de cet enfant...
Est également Luxembourgeois celui qui, lors de
la promulgation de la présente loi, jouit des conditions énumérées en l'article précédent, mais a
déjà atteint l'âge de la majorité. » Dans l'un et
dans l'autre cas, un délai d'un an est accordé
pour user du droit d'option.

6° *Monaco*. — La législation monégasque a
adopté notre article 9; de plus, l'ordonnance

princière du 8 juillet 1877 a adopté textuellement notre loi de 1851, sans adopter toutefois la modification apportée à cette loi par la loi nouvelle du 14 décembre 1874.

7° *Russie*. — L'enfant né en Russie de parents Étrangers ne naît pas Russe, mais il peut, s'il a été élevé en Russie, réclamer la qualité de sujet du Tsar dans l'année qui suit sa majorité. (Conf. *La Nationalité au point de vue des rapports internationaux*, par G. Cogordan, Paris, Larose, 1879.)

CHAPITRE V

SECTION I

HISTORIQUE ET GÉNÉRALITÉS

Nous avons vu que la naturalisation par le bienfait de la loi constituait un droit; la naturalisation proprement dite est une faveur. Mais, à qui appartient-il de conférer cette faveur ? est-ce au pouvoir législatif? est-ce au pouvoir exécutif? Toutes les législations ont varié sur ce point, et, jusqu'en ces derniers temps, on a soutenu, avec raison selon nous, que dans notre législation française, on devait envisager la naturalisation proprement dite à deux points de vue différents: comme un acte administratif, et comme un acte législatif. M. Beudant, dans un remarquable travail, donne à l'appui de cette opinion des raisons convaincantes : d'une part, dit-il, la naturalisation constitue un privilège personnel et doit dépendre du pouvoir exécutif; d'autre part, elle introduit dans le corps politique un nouveau citoyen, et est, par conséquent, un acte de souveraineté qui nécessite l'intervention du pouvoir législatif. (M. Beudant, *de la Naturalisation, Revue critique de législation et de jurisprudence*, t. VII, août 1855; — Conf. M. Valette, *Explic. sommaire*, p. 35, note 2.)

Dans notre législation actuelle, et depuis la loi du 29 juin 1867, la naturalisation n'est plus qu'un acte purement administratif.

Dans notre ancien droit, la naturalisation s'opérait par lettres patentes du Roi, délivrées par la grande chancellerie. (Bacquet, *Droit d'Aubaine*, ch. XXIII, n°s 1, 2, 3.)

Dans le droit intermédiaire, les conditions de la naturalisation ont été successivement réglées par les Constitutions des 30 avril ; 2 mai 1790 ; 14 septembre 1791 ; 24 juin 1793 ; 5 fructidor an III et 22 frimaire an VIII.

La loi du 2 mai 1790 accordait de plein droit la qualité de Français à tous les Étrangers habitant en France « en prêtant le serment civique, après cinq ans de domicile continu dans le royaume ; s'ils ont en outre acquis des immeubles ou épousé une Française, ou formé un établissement de commerce, ou reçu dans quelque ville des lettres de bourgeoisie ». Cette loi établissait une distinction entre la qualité de *Français* et la qualité de *citoyen* ; il faut le serment civique pour faire un citoyen ; au contraire, pour faire un Français, il suffit de remplir certaines conditions. Cette distinction était nécessaire, car la naturalisation repose évidemment sur la libre volonté ; la loi peut accorder, s'il lui plaît, tous les avantages imaginables à un Étranger, elle ne peut en aucun cas le rendre citoyen malgré lui. (*Cassation*, 27 avril 1819 ; 28 avril 1834, etc.)

La Constitution du 14 septembre 1791 reproduisit la même régle et maintint très certainement la distinction établie par la loi de 1790 entre le Français et le Citoyen. Le serment civique était toujours exigé pour l'obtention du titre de citoyen ; au reste, pour jouir des droits d'électorat et d'élégibilité, tout homme à cette époque, même l'indigène, était tenu de prêter serment. C'est par application de ces deux lois qu'un certain nombre d'Étrangers, célèbres à divers titres, furent naturalisés Français en 1792 ; citons notamment Bentham, Anacharsis Clootz et Klopstock.

La Constitution du 24 juin 1793 se montra plus libérale encore en matière de naturalisation ; nous avons cité plus haut l'article 4 de cette Constitution (ch. IV, section I). Le serment civique n'est même plus exigé pour l'obtention du titre de citoyen ! Plusieurs cours, à qui cette théorie paraissait déraisonnable, ont rendu des arrêts opposés (Orléans et Nîmes, 25 juin 1840, 13 août 1841), mais d'autres cours (Lyon, 10 novembre 1827) ont admis toutes les conséquences de la loi.

La Constitution du 5 fructidor an III porte que : « L'Étranger devient Citoyen français, lorsqu'après avoir atteint l'âge de vingt et un an accomplis et avoir déclaré l'intention de se fixer en France, il y a résidé pendant sept années consécutives, pourvu qu'il y paie une contribution directe, et qu'en outre il y possède une propriété foncière, ou un établissement d'agriculture ou de commerce, ou qu'il ait épousé une Française. » (Art. 10.)

L'article 3 de la Constitution de l'an VIII accorde la naturalisation à la seule condition de la déclaration, suivie d'un séjour de dix ans sur le territoire de la République ; cette disposition n'est que la reproduction de la Constitution de l'an III, mais avec un stage un peu plus long. Un avis du Conseil d'État décida plus tard : 1° que l'Étranger qui, aux termes de la Constitution, voulait devenir Français, était assujetti à la disposition de l'article 13 du Code qui ne donne à l'Étranger la jouissance des droits civils en France que lorsqu'il aura été admis par le gouvernement à y établir son domicile ; 2° que ces admissions seraient sujettes, suivant les circonstances, à des modifications, à des restrictions et même à des révocations. (Avis du 20 prairial an XI.)

Cette législation, confirmée dans le droit nouveau par le décret impérial du 17 mars 1809, s'est perpétuée jusqu'à la loi du 3 décembre 1849.

SECTION II

LÉGISLATION ACTUELLE

La législation française, en matière de naturalisation, repose aujourd'hui sur les lois des 3 décembre 1849 et 29 juin 1867.

I. — LOI DU 3 DÉCEMBRE 1849

La loi de 1849 avait à résoudre ce problème : Doit-on confier le droit de conférer la qualité de Français au pouvoir exécutif? Le projet tenait pour le pouvoir exécutif : les paroles de M. de Vatimesnil sont formelles sur ce point : « C'est au pouvoir exécutif, disait-il, qu'il appartient de dire, après vérification des titres : l'individu qui demande la naturalisation se trouve ou ne se trouve pas dans ces conditions. » De leur coté, les partisans du système opposé n'étaient point à court d'arguments. La difficulté fut tranchée par un amendement de M. Mauguin en faveur du pouvoir exécutif, sauf pour le droit d'éligibilité à l'Assemblée nationale qui serait conféré par une loi.

La loi de 1849 imposait aux Étrangers les conditions suivantes (article 1) :

1° Être âgé de vingt et un ans accomplis, et avoir obtenu du Président de la République l'autorisation d'élire domicile en France ;

2° Avoir résidé pendant dix ans en France depuis cette autorisation.

De plus, l'Étranger naturalisé n'était éligible qu'en vertu d'une loi, et le gouvernement, avant d'accorder à un Étranger ses lettres de naturalisation, était tenu de faire une enquête et de prendre l'avis du Conseil d'État. M. Demante enseigne qu'il n'est pas nécessaire que cet avis soit favorable à la naturalisation, et qu'il suffit que le Conseil d'État ait été entendu. Cette doctrine nous paraît devoir être écartée, car la loi dit formellement : *sur l'avis favorable du Conseil d'État.*

Enfin, la loi de 1849, dans son article 2, permit au gouvernement de réduire de dix ans à un an le stage imposé à l'Étranger, si ce dernier a rendu à la France des services importants, ou s'il a apporté en France soit une industrie, soit des inventions utiles, soit des talents distingués. La loi de 1849 a été modifiée par le décret organique du 2 février 1852, qui déclare électeurs tous les Français âgés de vingt et un ans, et éligibles tous

les Français âgés de vingt-cinq ans révolus. Il nous
paraît évident que ce décret abroge implicitement
le texte de la loi de 1849 qui n'accordait le droit
d'éligibilité aux naturalisés qu'en vertu d'une loi.

La question a pourtant été vivement débattue;
mais, dans la pratique, la loi de 1849 ne fut plus
appliquée après le décret de 1852 : sous l'Empire,
le prince Poniatowski, qui n'avait obtenu que la
naturalisation ordinaire, fut nommé sénateur et
admis par le Sénat sans difficulté. En 1863, la
question se présenta de nouveau au Corps législatif à propos de l'élection de M. Welle de la Valette, qui avait été naturalisé le 16 mai 1863, au
moment même des élections. M. Welle de la
Valette fut admis à siéger sur l'avis du bureau ;
on peut donc dire que le décret de 1852 a supprimé la *Grande Naturalisation*. La grande naturalisation était réglementée par l'ordonnance
du 4 juin 1814; cet acte décidait que la *plénitude
des droits* de Français ne serait accordée qu'aux
Étrangers ayant obtenu, outre les lettres ordinaires, des lettres de grande naturalisation véri-
fiées dans les deux Chambres. Du reste, ni la
Restauration ni le gouvernement de Juillet ne se
montrèrent prodigues de ces lettres de grande
naturalisation.

A notre avis, le principe sur lequel repose la
théorie de la grande naturalisation est absolu-

ment juste. Il est très naturel qu'on exige plus de garanties, quand il s'agit d'admettre un Étranger naturalisé à prendre part au gouvernement de l'État, que lorsqu'il est simplement question de lui conférer le droit d'électorat et de lui accorder la jouissance et l'exercice de nos droits civils.

II. — Loi du 29 juin 1867.

L'exposé des motifs va nous faire connaître le but et l'esprit de cette loi : « Le projet de loi que le Gouvernement présente à vos délibérations n'a point pour objet de modifier dans ses bases la législation qui régit la naturalisation des Étrangers, et de substituer de nouveaux principes à ceux qu'a consacrés la loi du 3 décembre 1849. Nous vous proposons simplement d'atténuer, dans ce qu'elles paraissent avoir de trop rigoureux aujourd'hui, certaines exigences de cette loi, tout en maintenant intactes les garanties essentielles qui, dans l'intérêt et pour l'honneur de notre pays, ne permettent d'accorder la qualité de citoyen français qu'aux Étrangers qui se sont montrés dignes de l'obtenir. »

Voici les principales dispositions de cette loi qui ont modifié la législation de 1849 :

1° Le stage de l'Étranger qui veut obtenir la qualité de Français est réduit de dix ans à trois ans : « L'état des relations de la France avec l'Europe, dit le rapport, avait inspiré autrefois de légitimes défiances contre celui qui, pour devenir Français, se séparait d'une nation en armes avec la France. Mais aujourd'hui les mêmes défiances n'existent plus, les communications sont devenues plus rapides, les relations plus fréquentes et plus suivies. Le délai de dix ans est excessif : cette longue attente est un empêchement aux demandes en naturalisation. »

A la suite de plusieurs amendements, le moment à partir duquel commence le stage a été ainsi fixé par l'article 1-2° : « Les trois années courront à partir du jour où la demande d'autorisation aura été enregistrée au ministère de la justice » ;

2° La loi de 1867 consacra la disposition de la loi de 1849 par laquelle le stage de l'Étranger pourrait être réduit à un an dans les circonstances que nous avons déjà énumérées : de plus elle a étendu ce privilège à l'étranger qui aurait créé en France des exploitations agricoles ;

3° La modification la plus importante introduite par cette loi est certainement l'abrogation formelle et expresse de la grande naturalisation. Nous avons déjà eu l'occasion de dire que la grande naturalisation avait été abrogée par le décret organique du 2 février 1852, mais nous avons ajouté que théoriquement la question était controversée ; depuis la loi de 1867, aucun doute n'est plus possible. L'articte 1-1° est en effet ainsi conçu : « L'Étranger, qui, après l'âge de vingt et un ans accomplis, a, conformément à l'article 13 du Code civil, obtenu l'autorisation d'établir son domicile en France, et y a résidé pendant trois années, peut être admis à jouir de tous les droits du citoyen français.» Cet article rencontra une vive et très légitime opposition. Il fut cependant adopté, sur l'observation d'un député qui fit remarquer que l'introduction d'un Étranger à la Chambre n'impressionnerait plus personne, qu'on rencontrerait d'ailleurs peu de naturalisés parmi les élus du peuple, et que, s'il s'en trouvait, ils le devraient à leur mérite et à leurs qualités personnelles. Au reste, disait-on encore, la question est déjà tranchée par le décret de 1852 et par la jurisprudence du Corps législatif lui-même, qui n'a pas hésité en 1863 à admettre M. Welle de la Valette.

4° Par une dernière disposition, la loi de 1867 a consacré une innovation relative aux Étrangers exerçant en pays étranger une fonction conférée par le gouvernement français ; la loi assimile le séjour en pays étranger, exigé pour l'exercice de cette fonction, à la résidence en France.

Tel est aujourd'hui l'ensemble des règles qui régissent la naturalisation dans notre droit : la loi de 1867 n'a été ni modifiée, ni abrogée depuis sa promulgation : citons pourtant un décret du 26 octobre 1870 qui supprimait *momentanément* le stage de trois ans en faveur des Étrangers qui avaient pris part à la guerre contre l'Allemagne et qui voulaient devenir citoyens français. La demande en naturalisation devait être faite avant l'expiration des deux mois postérieurs à la cessation de la guerre. Comme on le voit, ce décret purement transitoire, n'a modifié en rien la loi de 1867.

Au mois de mars 1877 un projet de loi fut déposé sur le bureau de la Chambre des députés, tendant à modifier la loi de 1867. Ce projet demandait la suppression de la formalité de l'admission à domicile et celle de l'avis du Conseil d'Etat ; enfin, la durée du stage aurait été portée de trois à cinq ans. Ce projet n'a pas eu d'autre suite.

SECTION III

EFFETS DE LA NATURALISATION

En principe, on peut dire que l'Étranger est entièrement assimilé au Français du jour où les lettres de naturalisation ont été insérées au *Bulletin des Lois*. Soumis dès lors aux mêmes obligations que les Français, il jouit également des mêmes privilèges. Il acquiert tous les droits politiques et tous les droits civils. En un mot, l'assimilation de l'Étranger naturalisé au National est complète.

Mais, l'acquisition de la nationalité française n'a pas d'effet rétroactif : du jour seulement de sa naturalisation l'Étranger échange son statut personnel d'origine contre la loi française : Blondeau établit les effets de ce changement dans les termes suivants : « L'individu que la naturalisation soumet à une loi différente de celle qui régit la nation qu'il quitte est, vis-à-vis des individus qui ont eu avec lui avant sa naturalisation des relations légales, dans la même position où se trouvent, les uns à l'égard des autres, les individus qui ont eu des relations légales sous l'empire d'une loi qui vient à être changée. »

En résumé, l'Étranger naturalisé conserve la jouissance de *tous les droits qui lui sont acquis.* Ainsi, nous n'hésitons pas à admettre qu'un Étranger naturalisé peut légalement se marier en France quand il a divorcé dans son pays d'origine. Nous nous étonnons que ce droit ait été dénié à l'étranger naturalisé par certaines cours (Douai, 8 janvier 1877) ; au contraire, un naturalisé ne pourrait certainement pas demander le divorce en France sous prétexte que, marié en Allemagne ou en Belgique, il a un droit acquis au divorce.

Les effets de la naturalisation sont purement

personnels à l'Étranger naturalisé, et ne s'étendent ni à sa femme ni à ses enfants. Ce point ne
saurait faire de doute si les enfants sont majeurs
au moment de la naturalisation de leur père :
mais il a été contesté pour les enfants mineurs.
Nous croyons que la solution doit être la même
dans tous les cas, car elle découle des principes
posés par le législateur en matière de nationalité.
(Art. 9, Code civil; — Loi de 1851 ; — Voir sur
les *Effets de la Naturalisation*, M. Beudant,
op. cit.)

•

SECTION IV

DE LA NATURALISATION EN ALGÉRIE ET DANS LES COLONIES FRANÇAISES

I

La législation de l'Algérie, en matière de naturalisation, est établie par le Sénatus-Consulte du
14 juillet 1865, et par les décrets des 21 avril
1866, 24 octobre 1870 et 7 octobre 1871.

Aux termes de ces textes, on distingue en Algérie
deux classes d'individus qui peuvent demander et
obtenir la naturalisation : les Musulmans, déclarés
Français, mais non citoyens, par le Sénatus-Consulte de 1865, et les Étrangers chrétiens.

Le Musulman, né en Algérie, reste soumis aux

lois musulmanes, mais il peut faire partie des
armées de terre et de mer; et il est admis à certaines fonctions civiles énumérées dans un tableau
annexé au décret du 21 avril 1866, par exemple
aux fonctions de conseiller général, conseiller
municipal, notaire, greffier, etc.

Le Sénatus-Consulte de 1865, relatif à la naturalisation, énumère les conditions imposées aux
indigènes pour devenir citoyens; ce Sénatus-Consulte a été modifié par l'art. 14 du décret de
1870 qui donne au gouvernement le droit de
prononcer lui-même sur la demande en naturalisation, après avoir pris l'avis du comité consul-
tatif. Le même Sénatus-Consulte, encore en vigueur
sur ce point, prescrit à l'Étranger ordinaire qui
veut se faire naturaliser, une résidence de trois
ans en Algérie. Comme on le voit, ce Sénatus-
Consulte se montre plus libéral que la loi de 1867
et n'exige pas que l'Étranger ait obtenu du Gouvernement l'autorisation de domicile.

Sous le régime du Sénatus-Consulte de 1865,
les indigènes israélites étaient assimilés aux indigènes musulmans. Le décret du gouvernement
de la Défense nationale du 24 octobre 1870,
rendu sous l'inspiration de M. Crémieux, décide
que : « les Israélites indigènes des départements
de l'Algérie sont déclarés citoyens français : en
conséquence leur statut réel et leur statut per-

sonnel seront réglés par la loi française, tous droits acquis jusqu'à ce jour restant inviolables ».

Le 21 juillet 1871, le gouvernement de M. Thiers présenta à l'Assemblée nationale un projet de loi tendant à abroger ce décret; la commission proposait au contraire une transaction; mais pendant que la question était à l'étude, la nécessité de pourvoir à la confection des listes électorales obligea le Gouvernement à prendre des mesures provisoires qui furent l'objet du décret du 7 octobre 1871 dont l'art. 1er est ainsi conçu : « Provisoirement, et jusqu'à ce qu'il ait été statué par l'Assemblée nationale sur le maintien ou l'abrogation du décret du 24 octobre 1870, seront considérés comme indigènes, et à ce titre demeureront inscrits sur les listes électorales, s'ils remplissent d'ailleurs les autres conditions de capacité civile, les Israélites nés en Algérie avant l'occupation française ou nés depuis cette époque de parents établis en Algérie à l'époque où elle s'est produite. »

Plus tard, le projet de loi du 21 juillet 1871, amendé par la Commission, vint en discussion à l'Assemblée nationale.

Par suite de l'intervention énergique de M. Crémieux, ce projet de loi fut repoussé. Le décret provisoire de 1871 est donc devenu, par ce fait, définitif, et il est encore en vigueur aujourd'hui ainsi que le décret de 1870 dont il est le commentaire. (V. M. G. Cogordan, *op. cit.*, p. 123 et suiv.)

II·

La loi du 10 juin 1874 a rendu applicables aux colonies françaises les lois de 1849 et de 1867 sur la naturalisation.

CHAPITRE VI

NATURALISATION RÉSULTANT DE CESSIONS DE TERRITOIRE

La naturalisation proprement dite, et la naturalisation par le bienfait de la loi, ont un caractère essentiellement individuel et ne s'appliquent qu'à des personnes déterminées. Il est deux cas, cependant, où le privilège est collectif et général : le cas de cession d'un territoire à la France, et le cas de désunion d'un territoire.

L'étude complète de ces deux hypothèses, de la seconde surtout, serait pour nous, même après dix ans, d'une douloureuse actualité, et comporterait, d'ailleurs, de nombreux développements qui excèderaient les bornes de ce travail. Nous dirons donc seulement quelques mots sur ces deux hypothèses, en nous plaçant à un point de vue strictement juridique, puisque nous n'avons pas à apprécier ici la valeur morale et politique de cette sorte de naturalisation.

SECTION I

PRIVILÈGE RÉSULTANT DE L'INCORPORATION D'UN TERRITOIRE ÉTRANGER A LA FRANCE

I. — GÉNÉRALITÉS

La doctrine de l'ancienne France, en ce qui concerne les effets de la réunion d'un territoire à notre pays, est ainsi exposée par Pothier : « Lorsqu'une province est réunie à la Couronne, ses habitants doivent être regardés comme Français naturels, qu'ils soient nés avant ou après la réunion. Il y a même lieu de penser que les Étrangers qui seraient établis dans ces provinces et y auraient obtenu, suivant les lois qui y sont établies, les droits de citoyen, devraient, après leur réunion, être considérés comme citoyens, ainsi que les habitants originaires de ces provinces, ou du moins comme des Étrangers naturalisés en France. » (Pothier, *Traité des Personnes*, Ire partie, t. II, sect. Ire). Tel est le principe : il faut bien reconnaître que s'il n'est pas juste, étant données nos idées modernes, il est, en tout cas, pratiqué par tous les peuples. On comprend que le Code civil ne pouvait pas réglementer la naturalisation résultant de la conquête ; une telle législation eût été pour les peuples voisins, sinon une menace de guerre, du moins un sujet de méfiance. C'est quand un territoire est définitivement réuni à la France, que la condition des habitants des provinces annexées est réglementée par des lois spéciales ou par des traités. On se trouve en effet en présence de deux principes : la légitimité de la conquête ou de la cession volontaire, d'une part, et, d'autre part, la liberté absolue qui doit être laissée aux habitants d'un territoire incorporé, de conserver, s'ils le veulent, leur ancienne nationalité.

— Suivant les principes de notre droit moderne, les habitants de territoires cédés deviennent de plein droit Français, par le fait de la réunion de ces territoires à la France; mais cette naturalisation par la loi n'a lieu qu'au profit des habitants originaires de territoires cédés et qui y sont domiciliés.

Ainsi, en droit, c'est l'incorporation du territoire qui confère *ipso facto* la qualité de Français à ses habitants. Mais à quel moment précis a lieu l'incorporation? Il ne saurait y avoir de doute quand elle résulte d'une loi ou d'un traité; mais il n'en est pas de même en cas de conquête; il est souvent très difficile de préciser rigoureusement le moment exact à partir duquel l'incorporation est un fait accompli, et par suite, à partir de quelle date les habitants doivent être considérés comme Français. Nous avons déjà indiqué que chaque cas particulier entraînait une législation particulière ; nous étudierons dans les paragraphes suivants les cas les plus intéressants, à notre époque.

Quant aux effets produits par cette naturalisation, ils sont identiquement les mêmes que ceux produits par la naturalisation proprement dite. Notons pourtant en passant, qu'en Algérie la condition des peuplades conquises est régie par des règles spéciales. (V. le chapitre V, sect. IV.)

II. — ANNEXION DE LA SAVOIE ET DU COMTÉ DE NICE

Cette annexion offre ce caractère particulier, qu'elle a eu lieu en pleine paix et du consentement de deux peuples alors alliés. Elle a été ratifiée par un traité signé à Turin le 24 mars 1860. L'article 5 de ce traité déclare que « le gouvernement français tiendra compte aux fonctionnaires de l'ordre civil et aux militaires appartenant par leur naissance à la province de Savoie et à l'arrondissement de Nice, et qui deviendront sujets français, des droits qui leur sont acquis par les services rendus au gouvernement sarde ». L'article 6 de ce traité contient une dérogation aux principes que nous avons énoncés tout à l'heure, entre autres à ce principe que la naturalisation par annexion n'a lieu qu'au profit des habitants originaires des territoires et qui y sont domiciliés. Notre article confère virtuellement la qualité de Français, non seulement aux anciens sujets sardes domiciliés en Savoie ou dans le comté de Nice au moment de l'annexion, mais encore à ceux qui en étaient simplement originaires et qui ne s'y trouvaient plus domiciliés le 24 mars 1860.

Le traité de Turin accordait en outre aux sujets sardes la faculté de conserver leur nationalité : ils devaient alors, dans l'intervalle d'une année après l'échange des ratifications, faire une déclaration à l'autorité compétente, et transporter leur domicile en Italie.

Une convention additionnelle du 23 août 1860 accorda de grandes facilités à ceux des sujets sardes qui, voulant conserver leur nationalité, devaient changer de résidence, ainsi qu'à ceux qui, voulant opter pour la nationalité française, devaient transporter leur domicile en France. (Art. 12.)

Le traité de Turin contenait une grave lacune relativement aux mineurs : un décret impérial rendu le 30 juin 1860 vint encore jeter le trouble dans la question; et actuellement, on est souvent fort embarrassé pour savoir à quelles règles on doit se conformer relativement aux questions si nombreuses qui s'élèvent encore à propos de l'annexion de 1860.

III. — Annexion de Menton et de Roquebrune

Une convention signée à Paris le 2 février 1851 entre le prince de Monaco et le gouvernement français annexa à notre territoire les deux communes de Menton et de Roquebrune.

Les Monégasques originaires de Menton et de Roquebrune, et qui y étaient domiciliés, avaient un délai d'un an pour exercer leur droit d'option et transporter leur domicile dans la principauté.

Toutefois, les habitants de Roquebrune et Menton qui étaient au service du prince, eurent la faculté de conserver leur nationalité primitive tout en continuant à résider sur le territoire français, à la condition de faire dans les trois mois une déclaration conforme au consul de France à Monaco.

Quant aux Monégasques d'origine, domiciliés en France ailleurs qu'à Menton et à Roquebrune, ils conservent leur nationalité par une simple déclaration et sans être tenus de s'établir dans la principauté.

IV. — Conquête de l'Algérie

L'Algérie a été glorieusement conquise par nos

armes ; mais il n'existe pas de traité constatant qu'elle ait été réunie à la France. Cependant, personne ne doute que les peuples qui l'habitent ne soient Français, surtout depuis le traité de la Tafna conclu le 30 mai 1837 et depuis la déclaration solennelle du roi Louis Philippe en 1841 : « Cette colonie est une terre désormais et pour toujours française. » Citons encore un arrêt du 2 janvier 1839 portant que les Algériens ne sont pas tenus de fournir la caution *judicatum solvi*. Mais, si les Algériens sont certainement Français, on peut se demander néanmoins à quel moment la réunion de l'Algérie a eu lieu, et par suite quelle est la date précise de la naturalisation qui en a été la conséquence. M. Rodière estime que chaque partie du territoire est devenue française et que ses habitants ont été naturalisés à mesure que la conquête *consommée* y établissait l'autorité française. (Rodière, *Revue de Législation*, t. I, p. 306 et suiv. ; — Serrigny, t. I., p. 167). MM. Aubry et Rau enseignent que la réunion de l'Algérie à la France n'a été expressément prononcée que par l'article 109 de la Constitution du 4 novembre 1848, mais que la réunion de ce pays à la France remonte au delà de cette époque et a été virtuellement opérée par l'ordonnance du 10 août 1834 concernant l'organisation de l'ordre judiciaire et l'administration de la justice dans les possessions du Nord de l'Afrique. (Zachariæ, Aubry et Rau, t. I, p. 259, 4ᵉ édit.)

Le système proposé par M. Rodière nous semble plus conforme aux principes généralement admis en matière d'annexion par la conquête.

SECTION II

PRIVILÉGE EN CAS DE DÉSUNION D'UN TERRITOIRE. OPTION DES ALSACIENS-LORRAINS, EN 1871.

I

« On conçoit, dit M. Demolombe, que le Code civil qui ne s'est pas occupé de l'acquisition de la qualité de Français par suite de l'accroissement du territoire national, ait encore moins prévu l'hypothèse néfaste d'un démembrement, à cette époque surtout où la France, dans tout l'éclat de la gloire et des conquêtes, reculait chaque jour ses limites. » (M. Demolombe, *op. cil.*, n° 178.)

Quand de telles hypothèses se présentent, elles sont réglées par des lois spéciales. C'est ce qui est arrivé en 1814, après le démembrement de l'empire de Napoléon. A la suite du traité de 30 avril 1814, une loi du 14 octobre de la même année vint déterminer la situation particulière faite aux

habitants des territoires séparés de la France.
Cette loi, très vivement critiquée par M. Demolombe (n° 178) et par M. Valette (*sur Proudhon*,
t. Ier, p. 129) a été abrogée par l'article 4 de la
loi du 3 décembre 1849. Nous allons étudier, en
terminant, les clauses du traité de Francfort, et
quelques autres textes relatifs à l'option des Alsaciens-Lorrains.

II

Quand un pays est annexé à un autre pays,
soit par la conquête, soit en exécution d'un traité,
deux systèmes se présentent nécessairement à
l'esprit pour déterminer quelle pourra être la
situation faite aux habitants du territoire annexé ;
ou bien l'on tiendra compte de l'origine, ou
bien l'on tiendra compte du domicile : dans le
premier cas, tous les individus originaires, c'est-
à-dire nés dans le territoire annexé, suivront le
sort de leur pays ; dans le second cas, tous les individus domiciliés dans la contrée, passeront avec
elle sous la domination de l'État cessionnaire.
Nos plénipotentiaires, lors de la discussion du
traité de Francfort et de la convention additionnelle du 11 décembre 1871, firent tous leurs efforts pour faire prévaloir le second système. Les
Allemands, de leur côté, se plaçant à un point de

vue ethnographique, revendiquaient pour sujets du nouvel empire tous les natifs des territoires cédés.

On arriva, ou du moins l'on crut arriver à un système mixte en décidant que pour perdre de plein droit la qualité de Français, il fallait être en même temps *originaire* d'Alsace-Lorraine et *domicilié* dans ce pays. L'article 2 du traité de Francfort est ainsi conçu: « Les sujets français, originaires des territoires cédés, domiciliés actuellement sur ces territoires, jouiront jusqu'au 1er octobre 1872 et moyennant une déclaration préalable faite à l'autorité compétente, de la faculté de transporter leur domicile en France et de s'y fixer, sans que ce droit puisse être altéré par les lois sur le service militaire, auquel cas la qualité de Français leur sera maintenue. » Cet article est le texte fondamental auquel il faut toujours se référer dans toutes les questions relatives aux Alsaciens-Lorrains; mais, malgré son apparente clarté, il a permis aux Allemands d'échafauder tout un système de règles bizarres et embrouillées qui ont prévalu dans la pratique.

Aux termes de cet article 2, nous étions en droit de supposer que tous les Français nés en Alsace-Lorraine, mais domiciliés en dehors de leur pays, resteraient Français; que d'autre part tous les Français originaires d'une autre contrée et seulement domiciliés en Alsace-Lorraine, conserveraient également leur nationalité. Mais les Allemands prétendirent que le mot *originaire* avait un sens absolu, et s'appliquait à tous les individus sans exception nés dans les territoires annexés; même à ceux nés en Alsace par un pur effet du hasard, au cours d'un voyage, par exemple! Ce système a prévalu dans la pratique, et tous les individus nés en Alsace, quel que soit d'ailleurs le lieu de leur domicile, fussent-ils même établis aux antipodes, ont été soumis à la nécessité d'opter pour conserver leur qualité de Français.

Un dissentiment plus grave encore s'éleva à propos des Français originaires d'une autre partie de la France, mais domiciliés en Alsace-Lorraine· Aux termes de l'article 2, confirmé par le protocole de Francfort du 6 juillet 1871 et par une lettre de M. d'Arnim du 18 décembre 1871 adressée à M. de Rémusat, ministre des affaires étrangères, il était évident que ces individus conservaient de plein droit leur qualité de Français. M. de Moeller, président supérieur de l'Alsace-Lorraine, par une circulaire du 7 mars 1872, adoptait cette solution, mais en même temps exigeait de ces personnes, non pas une déclaration d'option qui eût été contraire au texte du traité, mais un transfert de domicile en France. Sur les réclamations du gouvernement français, M. d'Arnim répondit le

1ᵉʳ septembre 1872 à M. de Rémusat : « Le gouvernement impérial a estimé dès le principe que,
par le fait même de la cession de l'Alsace et de la
Lorraine à l'Allemagne, ses habitants de nationalité française devenaient Allemands, sans que
cet effet dût même être constaté expressément par
le traité de paix, et l'article 2 n'a eu à ses yeux
d'autre sens ni d'autre but que de fixer les conditions, par l'observation desquelles une certaine
catégorie d'habitants pourrait se soustraire à cette
conséquence naturelle de la cession. En exigeant
de ces derniers une déclaration formelle d'option
en faveur de la France et translation de leur
domicile effectif, il n'a pas cependant entendu
dispenser de toute formalité une autre catégorie
de personnes qui, devenues, elles aussi, Alle-
mandes par suite de la cession du pays, dé-
sireraient revendiquer leur ancienne nationalité. »

En résumé, les individus frappés par l'annexion
dans leur statut personnel peuvent se ramener à
trois catégories :

1° Les *originaires domiciliés* qui, pour rester
Français, devaient opter et émigrer. (Traité du
10 mai 1871.)

2° Les *originaires non domiciliés* devaient seulement opter. (Convention de Francfort du 11 décembre 1871.)

3° Les *domiciliés non originaires* devaient seulement émigrer. (Interprétation du gouvernement allemand.)

III

Certaines personnes originaires de l'Alsace-Lorraine, et soumises à l'obligation d'opter, n'ont pu le faire pour cause d'incapacité légale, par exemple : les mineurs, les femmes mariées, les individus en état d'interdiction judiciaire ou légale.

« Pour rester dans la vérité des principes, il eût fallu réserver aux mineurs la liberté de choisir leur nationalité dans l'année qui suivrait leur majorité. Cette clause eût été en harmonie avec les maximes du droit public français, qui n'admet pas que dans les questions d'état, le droit personnel acquis à un individu par le fait de sa naissance puisse être modifié en dehors de sa pleine et libre volonté. » (Exposé des motifs de la convention additionnelle.) En effet, c'est un principe de notre droit que la nationalité dépend uniquement de la volonté et qu'elle ne peut se perdre que par un des modes spécifiés par la loi; que la volonté du chef de famille ne figure pas au nombre de ces modes. Nos plénipotentiaires ont vainement tenté de faire adopter ce système dans les conférences de Francfort : il résulte au contraire des explications échangées entre eux et les plénipotentiaires allemands, explications consignées dans les protocoles, que l'option de nationalité en ce qui concerne les mineurs devra être faite par les intéressés eux-mêmes avec l'assistance de leurs représentants légaux.

Les mêmes règles sont applicables aux femmes mariées ainsi qu'aux individus en état d'interdiction judiciaire et légale.

IV

Au point de vue de la nationalité française, l'Alsacien-Lorrain dont l'option a été régulière est considéré comme n'ayant jamais été Allemand. Au point de vue de la nationalité allemande, il est considéré comme n'ayant jamais cessé d'être Français. Les optants sont libres de conserver leurs immeubles situés sur le territoire réuni à l'Allemagne (art. 2 du traité).

Le défaut d'option, l'option tardive, l'option irrégulièrement faite, la simple translation du domicile en France sans déclaration, la simple déclaration faite en Alsace-Lorraine sans translation effective du domicile en France produisent les effets suivants :

Au point de vue allemand, l'Alsacien-Lorrain

acquiert définitivement la qualité du sujet allemand et comme tel est soumis aux lois de l'empire quant à sa personne et quant à ses biens.

Au point de vue français, l'Alsacien-Lorrain perd rétroactivement la qualité de Français ainsi que les droits et avantages qui y sont attachés. Il est Allemand, quand bien même il aurait toujours continué à résider en France.

Le nombre des options annulées par l'autorité allemande s'est élevé à près de cent quinze mille, et l'on comprend que ces annulations ont eu dans la pratique une importance considérable. Un très grand nombre de jeunes gens mineurs, dont les parents sont demeurés en Alsace-Lorraine, ont été atteints par ces annulations, et se sont trouvés à la fois appelés en France et en Allemagne à accomplir les devoirs militaires. Une circulaire du général de Cissey, ministre de la guerre, en date du 7 décembre 1875, explique aux jeunes gens intéressés quelle est leur triste situation; elle les informe que l'administration n'a pas cru devoir les enrôler de plein droit dans l'armée pour leur éviter les inconvénients et même les dangers pouvant résulter d'un conflit. Ces jeunes gens ne sont inscrits qu'après l'avoir formellement demandé.

Un jugement du tribunal de Schlestadt

(11 juin 1875) avait admis ce principe qu'un Alsacien-Lorrain est Français par cela seul qu'il sert dans les armées françaises ; le jugement faisait valoir cette considération équitable qu'on ne peut pas servir deux pays à la fois.

Malheureusement, cette décision n'a pas fait jurisprudence, et la loi allemande n'accorde d'exemption militaire que dans deux cas : 1° lorsque l'Alsacien-Lorrain a servi dans les armées françaises avant le 10 décembre 1870 ; 2° lorsqu'il est né avant le 1er janvier 1851.

V

En dehors de toute loi spéciale, nous croyons que la femme devenue veuve après l'expiration du délai d'option, et dont le mari n'aura pas opté pour la nationalité française, devra être admise à invoquer le bénéfice de l'article 9 ; quant aux enfants mineurs d'un Alsacien-Lorrain devenus Étrangers par suite du défaut d'option de leur père, ils peuvent réclamer le bénéfice de l'article 10, puisqu'ils se trouvent précisément dans le cas prévu par cet article. Cette opinion a, du reste, été adoptée par la jurisprudence.

FIN

POSITIONS

DROIT ROMAIN

1.

La classe des Latins Juniens a été introduite
par la loi Junia Norbana, rendue en l'an de Rome
671, et non par la loi Ælia Sentia.

2.

La règle Catonienne ne s'applique pas aux institutions d'héritier.

3.

La règle Catonienne s'est toujours appliquée,
même après Justinien, aux fidéicommis comme aux
legs.

4.

La constitution de Caracalla n'a concédé le droit
de cité qu'aux habitants actuels de l'Empire et à
leur descendance, et non à tous ceux qui pourraient devenir sujets de l'Empire.

5.

L'erreur de droit ne peut servir de fondement à la *Conditio indebiti*.

CODE CIVIL

1.

L'enfant simplement conçu ne peut invoquer le bénéfice de l'article 9.

2.

Le louage ne confère au preneur qu'un droit de créance.

3.

L'absent peut être représenté.

4.

Les enfants de l'indigne peuvent le représenter quand il est mort avant le *De cujus*.

5.

Le mari ne peut pas modifier à son gré la nationalité de sa femme en en changeant lui-même pendant le mariage.

6.

L'article 747 doit être interprété restrictivement.

7.

Le défaut de publications prescrites par l'article 170 ne rend pas le mariage nul, mais simplement annulable, s'il y a lieu, pour défaut de publicité.

8.

L'article 180 ne vise point l'erreur sur la personne physique, mais l'erreur sur la personne civile ou sociale, c'est-à-dire sur les qualités constitutives de l'individu.

PROCÉDURE CIVILE

1.

L'Étranger ne peut être arbitre.

2.

L'Étranger domicilié en France avec l'autorisation du Président de la République peut exiger d'un autre Étranger demandeur la caution *judicatum solvi*.

DROIT CRIMINEL

1.

La qualité de père ou de mère est, quant au parricide, une circonstance aggravante et non un élément constitutif du délit:

2.

Les complices d'un suicide ne sont passibles d'aucune peine s'ils n'ont employé ni fraudes ni violences.

DROIT COMMERCIAL

1.

L'action d'un directeur de théâtre contre les acteurs doit être portée devant le tribunal civil.

2.

Le billet à domicile n'est pas par lui-même un acte de commerce.

DROIT ADMINISTRATIF

1.

La juridiction de droit commun appartient aux ministres.

2.

La connaissance des dommages permanents, tels que ceux qui résultent de l'exhaussement ou de l'abaissement de la voie publique, de la suppression ou de la réduction de la force motrice d'une usine, appartient au jury d'expropriation.

DROIT DES GENS

1.

L'État qui laisse construire dans ses ports des vaisseaux destinés à la marine d'un belligérant viole la neutralité.

2.

Le principe d'extra territorialité tiré du droit des gens n'est pas applicable à l'enfant né d'un père étranger dans l'hôtel d'un ambassadeur français à l'étranger, et cet enfant ne peut, par suite, invoquer le bénéfice de l'article 9 du Code civil.

HISTOIRE DU DROIT

1.

La caution *judicatum solvi* a une origine germanique et non romaine.

2.

Les *Professiones legis* n'ont jamais eu le caractère potestatif qu'on leur a attribué, et on ne peut les considérer comme l'origine de notre mode de naturalisation par le bienfait de la loi en vertu de l'article 9 du Code civil.

TABLE DES MATIÈRES

I

ÉTUDE SUR LA CONDITION JURIDIQUE DES LATINS JUNIENS A ROME

CHAPITRE VI

CHAPITRE VII

CHAPITRE VIII

CHAPITRE IX

CHAPITRE X

CHAPITRE XI

II

DE LA CONDITION DES ÉTRANGERS EN FRANCE ET DE LA NATURALISATION

PREMIÈRE PARTIE

DE LA CONDITION JURIDIQUE DES ÉTRANGERS ET DE LEUR ASSIMILATION AU NATIONAL DANS L'ANTIQUITÉ ET DANS NOTRE ANCIEN DROIT.

CHAPITRE PREMIER

CHAPITRE II

CHAPITRE III

DEUXIÈME PARTIE

DE LA CONDITION JURIDIQUE DES ÉTRANGERS EN FRANCE ET DE LA NATURALISATION

CHAPITRE PREMIER

CHAPITRE II

CHAPITRE III

CHAPITRE IV

CHAPITRE V

CHAPITRE VI

ERRATA

Page 22, ligne 26, *au lieu de* : scripitum, lire scriptum.

Page 31, ligne 10, *au lieu de* : Buiritium. lire : Quiritium.

Page 36, ligne 13, *au lieu de* : patis, lire : datis.

Page 38, ligne 18, *au lieu de* : subitantiâ, lire : substantiâ.

Page 29, ligne 11, *au lieu de* : nionvations, lire, innovations.

Page 50, ligne 25, *au lieu de* : sine, lire : sive.

Page 53, ligne 13, *au lieu de* : quœretur, lire : quœritur.

Page 61, ligne 9, *au lieu de* : dominum, lire : dominus.

Page 61, ligne 2, *au lieu de* : interamicus, lire : inter amicos.

Page 63, ligne 7 *au lieu de* : counubium, lire : connubium.

Évreux, Ch. Hérissey, imp. — 182

* 9 7 8 2 0 1 4 0 7 4 5 4 3 *